Shohruh Begmatov
Mukhriddin Arabboev
Khabibullo Nosirov

A inteligência artificial no redimensionamento de imagens

Shohruh Begmatov
Mukhriddin Arabboev
Khabibullo Nosirov

A inteligência artificial no redimensionamento de imagens

ScienciaScripts

Imprint

Cover image: www.ingimage.com

This book is a translation from the original published under ISBN 978-620-6-77385-6.

Publisher:
Sciencia Scripts
is a trademark of
Dodo Books Indian Ocean Ltd. and OmniScriptum S.R.L publishing group

120 High Road, East Finchley, London, N2 9ED, United Kingdom
Str. Armeneasca 28/1, office 1, Chisinau MD-2012, Republic of Moldova, Europe
Printed at: see last page
ISBN: 978-620-8-10719-2

INTRODUÇÃO

O processamento digital de sinais de televisão, a compressão de imagens de televisão, a deteção de objectos nas mesmas e o desenvolvimento de sistemas de distinção de pessoas estão entre os mais avançados do mundo. Os fluxos de vídeo de qualidade ultra-alta UHD ou 4K requerem cerca de 15 a 18 Mbps, 2 vezes mais do que o HD e 9 vezes mais do que o SD. Dado que "a nível mundial, este valor aumentará de 33% do fluxo total de vídeo em 2018 para 66% em 2023",[1] exige o desenvolvimento e a implementação de software e hardware. Neste sentido, o desenvolvimento de sistemas de tomada de decisão rápida em processos de busca e salvamento é importante na compressão de imagens, mantendo a sua qualidade e a separação das pessoas no enquadramento. O aumento das catástrofes naturais no mundo e a sua ameaça para a vida humana, uma série de estudos científicos que visam o desenvolvimento de ferramentas de software especiais que trabalham com dados de vídeo para operações de busca e salvamento, dispositivos e sistemas de monitorização de sinais de televisão utilizando inteligência artificial. A este respeito, é dada especial atenção à criação de um complexo de busca e salvamento controlado à distância e com inteligência artificial, melhorando os métodos de reconhecimento de objectos relevantes no sistema de processamento de dados de vídeo, bem como ao desenvolvimento de hardware e software para a tomada rápida de decisões.

[1] https://www.cisco.com/c/en/us/solutions/collateral/executive-perspectives/annual-internet-report/white-paper-c11-741490.html

Várias monografias e artigos de revistas têm sido dedicados aos problemas de desenvolvimento de ferramentas de software especiais que trabalham com dados de vídeo para operações de busca e salvamento no domínio das emergências, dispositivos e sistemas de monitorização de imagens de televisão utilizando inteligência artificial. Esta monografia aborda a questão do desenvolvimento de métodos e algoritmos para o processamento de sinais de televisão com base na inteligência artificial e para a separação de pessoas para dispositivos utilizados em situações de emergência.

CAPÍTULO I. ANÁLISE DOS MÉTODOS DE DETECÇÃO HUMANA BASEADOS NA COMPRESSÃO DE IMAGENS PARA O COMPLEXO DE BUSCA E SALVAMENTO

Este capítulo faz uma breve revisão dos métodos e algoritmos de compressão de imagem e de deteção humana que estão intimamente relacionados com este trabalho de investigação, bem como dos fundamentos que são utilizados para resolver os problemas de compressão de imagem e de deteção humana. Além disso, foram estudados os sistemas de busca e salvamento, os complexos e os robots.

De acordo com o objetivo e a componente técnica desta investigação, a compressão de imagens e a deteção humana foram amplamente analisadas. A secção 1.1 apresenta a investigação relacionada com a compressão de imagens, sobre a qual foi construído o algoritmo proposto. A secção 1.2 apresenta as investigações anteriores relacionadas com a deteção de pessoas. A secção 1.3 apresenta sistemas, complexos e robôs de busca e salvamento para situações de emergência.

§1.1. Uma análise dos métodos de compressão de imagem

A compressão de imagens é um dos tipos de compressão de dados utilizados para comprimir imagens digitais, de modo a reduzir o seu custo de armazenamento ou transmissão. Os métodos de compressão de imagens são classificados em duas categorias: com e sem perdas. A compressão sem perdas é preferencialmente utilizada para fins de arquivo e, frequentemente, para desenhos técnicos, imagens médicas e clip-art. Os métodos de compressão com perdas, especialmente utilizados com taxas de bits baixas, introduzem artefactos de compressão. Os métodos com perdas são adequados para imagens naturais, como fotografias, em aplicações em que é aceitável uma pequena perda de fidelidade para obter uma redução substancial da taxa de bits.

É apresentada uma panorâmica das várias normas de codificação existentes e das técnicas de compressão de imagens sem perdas [1; p. 752-763]. É proposto um algoritmo altamente eficiente que é implementado utilizando a abordagem de codificação BCH. O método proposto combina as vantagens do algoritmo BCH com as vantagens do algoritmo LZW, que é conhecido pela sua simplicidade e rapidez. As experiências foram realizadas numa coleção de um conjunto de dados de 20 imagens de teste. O resultado foi avaliado através do rácio de compressão e dos bits por pixel. De acordo com os resultados, o algoritmo proposto melhora a compressão de imagens em comparação com os algoritmos RLE, Huffman e LZW. O rácio de compressão médio do método proposto é de 1,636383, o que é melhor do que a compressão de imagens sem perdas padrão.

Em [2; p. 47062-47074], foi proposto um novo método de compressão fractal baseado em números racionais. Depois de dividir a imagem em sub-imagens, os bytes dos pixels são dispostos uns ao lado dos outros, com base nos bits menos e mais significativos, para formar um único número racional. Este é então transformado numa forma fraccionada, dando uma expressão mais curta do que a forma regular. A técnica proposta determina um número racional mais próximo do original que representa a sub-imagem. O novo número racional é obtido de entre todos os números racionais possíveis que resultam da modificação dos bits menos significativos da sub-imagem. Além disso, o novo número racional selecionado satisfaz o requisito de ter a forma mais curta em termos de numerador e denominador. A primeira abordagem utilizou um AG heurístico para encontrar eficientemente um melhor número racional com uma forma reduzida mais curta. Na segunda abordagem, é construída uma tabela de todos os números racionais possíveis, dada uma gama de numeradores e denominadores. Os resultados foram muito promissores quando comparados com as técnicas de compressão de imagem mais avançadas, como JPEG2000, TIFF e PNG, especialmente em termos de qualidade e taxa de compressão.

Anjie Peng et al. [3; p. 28525-28538] desenvolveram uma abordagem melhorada através da incorporação da cadeia de Markov com o modelo AR para detetar a filtragem mediana em imagens fortemente comprimidas em JPEG com baixa resolução. Um grupo residual que revela os traços da filtragem mediana em vários aspectos é desenvolvido para capturar diversos traços estatísticos da filtragem mediana e construiu um detetor rápido e eficiente baseado na caraterística AR multidirecional e na caraterística de probabilidade de transição. Jinbo Zhao et al. [4; p. 135982-135998] propõem uma nova estrutura de compressão esparsa de LFI baseada numa rede neural convolucional (CNN). A super-resolução da imagem do plano epipolar (EPI) destina-se a compensar a perda de informação causada pela amostragem esparsa e a melhoria da qualidade das imagens de sub-abertura do lado do descodificador (SAIs) destina-se a compensar a perda de informação causada pela compressão com perdas.

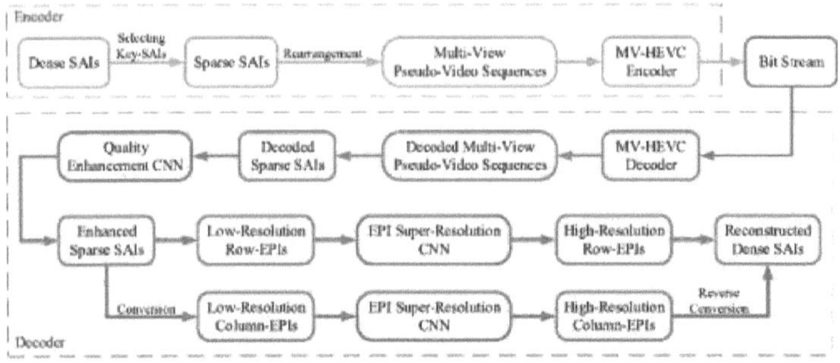

Figura 1.1. Diagrama de blocos da estrutura de compressão esparsa LFI

Jianyu Lin [5; p. 144895-144906] propõe um novo esquema de compressão sem perdas que consiste em comprimir as imagens de intensidade contínua inicialmente adquiridas com um algoritmo de compressão com perdas para obter uma maior eficiência de compressão. Mesmo que seja utilizado um algoritmo com perdas, para as imagens originais descodificadas, não há perda de dados no mesmo sentido que o esquema convencional sem perdas. Para concretizar a nova ideia, a eficiência de compressão do algoritmo de compressão de sub-banda com perdas existente é melhorada a taxas de bits elevadas. Para a parte de codificação de entropia, é introduzido um método de codificação de entropia baseado em comprimento de execução e agrupamento de símbolos. Para a parte de quantização, a quantização escalar com restrição de entropia é implementada usando um método novo e simples de limiarização.

Haiwu Zhao et al. [6; p. 920-929] propõem uma rede neural convolucional de aprendizagem de resíduos de tamanho variável com camada de normalização de lote (VRCNN-BN). O modelo é um modelo de ponta a ponta. O modelo é alimentado com as imagens descodificadas no final do descodificador. Ao contrário dos métodos anteriores, o modelo é aplicado às imagens luma e às imagens croma, respetivamente. Para avaliar de forma abrangente o desempenho da codificação dos componentes luma e croma, o PSNR combinado baseado na sensibilidade à cor (CS-PSNR) é utilizado para medir a eficácia do método proposto. Chuntao Wang et al. [7; p. 11328-11341] desenvolvem um esquema de compressão com perdas baseado em MRF para imagens binárias encriptadas. A imagem binária original é encriptada com a cifra de fluxo e a imagem encriptada é depois comprimida através da redução sucessiva da amostragem e da codificação LDPC. Na reconstrução com perdas, o problema da reconstrução é formulado como um problema de otimização e o gráfico de factores conjuntos, ou seja, JFG-LR, é construído para resolver este problema de otimização. Ao derivar o SPA (algoritmo da soma dos produtos) adaptado ao JFG-LR, seguido da execução iterativa do SPA adaptado no JFG-LR, a imagem binária original é assim recuperada de forma com perdas.

Osama Fouad et al. [8; p. 5-12] propõem uma combinação de RSA e codificação Huffman, RLE, ou DWT proposta como forma de proteger e comprimir mensagens, mesmo ocultando as mensagens numa imagem de cobertura, com o objetivo de produzir uma imagem stego de alta qualidade. São avaliados e discutidos três algoritmos distintos que podem ser utilizados na compressão de imagens. São avaliados e discutidos os três algoritmos que podem ser utilizados na compressão de imagens, tanto para técnicas com e sem perdas. Normalmente, as imagens comprimidas para diversas entradas são obtidas através da utilização dos algoritmos. Também é possível obter cálculos das propriedades e desenvolver um gráfico de comparação para o rácio de compressão e o rácio sinal/ruído de pico. Através da comparação dos parâmetros das imagens comprimidas pelos três algoritmos, a investigação concluiu que a codificação de Huffman é mais eficiente e a melhor para ser utilizada durante a compressão.

Karri Chiranjeevi et al. [9; p. 1417-1431] propõem um algoritmo de pesquisa cuco baseado na quantização vetorial para compressão de imagens. Ao utilizar o algoritmo CS, o pico da relação sinal/ruído da quantização vetorial é maximizado. Foi investigado que o algoritmo, variando todos os parâmetros possíveis do CS, permite uma conceção eficiente do livro de códigos e uma quantização vetorial eficiente dos vectores de treino. A intensificação e a diversificação do algoritmo são conseguidas com a probabilidade de mutação e o parâmetro de assimetria. Shabila Beevi et al. [10; p. 513-520] propõem um novo esquema de compressão de imagens sem perdas para imagens a cores naturais, que se baseia na Transformada de Cor Reversível (RCT) de nível duplo e no Algoritmo de Compressão Burrows Wheeler de dois níveis (BBWCA). A RCT de primeiro nível de RGB para HSV permite uma maior redução do número de componentes de tonalidade únicos, proporcionando assim uma maior compressão no caso das imagens naturais. O primeiro nível de RCT seguido do segundo nível de RCT de HSV para YUV ajuda a produzir um pequeno número de valores únicos de componentes Y. O deslocamento de nível DC e a operação de complemento de dois serão aplicados como etapas de pré-processamento à RCT de segundo nível. O resultado da RCT de duplo nível é utilizado como entrada para a BBWCA, na qual é aplicada uma BWT em função das linhas seguida de uma BWT em função das colunas. Os dados da imagem comprimida são formados utilizando a codificação "move-to-front" (MTF), a codificação de comprimento de execução e a codificação de entropia. O método proposto, que utiliza RCT de nível duplo com BBWCA, resulta numa elevada compressão, tirando partido da redução dos componentes de tonalidade das imagens naturais.

Annapurna Pradhan et al. [11; p. 106-111] apresenta uma comparação da eficiência da técnica de aproximação esparsa e da técnica baseada na BWT. É colocado um número de imagens para testar e as imagens utilizadas tinham uma resolução de 250x250 pixéis com um nível de cinzento de 8 bits. Os esquemas BWT, JPEG, JPEG 2000 e de aproximação esparsa foram implementados utilizando o MATLAB. Rasheed et al. [12; p. 1-13] propõem um novo método de compressão de imagens de alta resolução baseado na Transformada Discreta de Fourier (DFT) e no algoritmo de Minimização de Matrizes (MM). O método é composto pela transformação de uma imagem pela DFT obtendo-se as componentes real e imaginária. É aplicado um processo de quantização a ambas as componentes de forma independente com o objetivo de aumentar o número de coeficientes de alta frequência. A matriz da componente real é separada em coeficientes de baixa frequência (LFC) e coeficientes de alta frequência (HFC). Finalmente, o algoritmo MM seguido de codificação aritmética é aplicado às matrizes LFC e HFC. O algoritmo de descompressão descodifica os dados na ordem inversa. É utilizado um algoritmo de pesquisa sequencial para descodificar os dados da matriz MM. Depois disso, todos os valores LFC e HFC descodificados são combinados numa única matriz, seguida da DFT inversa. K. S. Kashmeera et al. [13; p. 60-67] propõem um esquema de compressão de imagens encriptadas com dados subservientes e codificação Huffman. Para a encriptação da imagem original, esta é manipulada com uma sequência de números pseudo-aleatórios gerada com uma chave secreta. O proprietário do conteúdo cria dados subservientes. Em seguida, os dados encriptados são comprimidos utilizando um mecanismo de quantização e a codificação de Huffman. Para a quantização da imagem, são utilizados os dados subservientes produzidos pelo proprietário do conteúdo. Os valores quantizados são então codificados utilizando a codificação de Huffman. No lado da reconstrução, o conteúdo principal dos dados é reconstruído.

O novo método baseado na compressão de imagens para sistemas biométricos de impressões digitais multiespectrais é apresentado em [14; 1698-1707]. A técnica promete alta segurança para os modelos na base de dados e também para os modelos comprimidos. Os modelos comprimidos resultam numa correspondência mais rápida durante a fase de autenticação do sistema biométrico de impressões digitais. A técnica apresentada resulta em baixa revogabilidade mas alta segurança para mitigar o efeito de ataques de mascaramento. Em [15; 1380-1389], são revistas várias técnicas de compressão utilizadas para comprimir as imagens médicas e que são capazes de resolver os problemas de armazenamento e de limitação da largura de banda. São estudados quarenta manuscritos e organizados em três categorias, ou seja, técnicas de compressão com perdas, sem perdas e híbridas. Descrevem-se as técnicas de compressão para lidar com um grande número de problemas relacionados com a compressão, como o problema de expansão em RLE e problemas de transmissão, etc. Apresentam-se também os parâmetros de desempenho que são utilizados para calcular o desempenho das técnicas de compressão propostas.

Yijing et al. [16; p. 145 - 152] apresenta duas DNNs diferentes para compressão de imagens e uma DNN tolerante a falhas de canal, ambas treinadas pelo algoritmo Levenberg-Marquardt. A DNN implementada permite uma elevada taxa de compressão (i.e. CR=64) e uma reconstrução de melhor qualidade com imagens de alta frequência quando comparada com os métodos DCT, Pirâmide Gaussiana e SPIHT. A DNN implementada contém uma maior tolerância a falhas do que a codificação de correção de erros hamming e repetição-acumulação, exigindo 64 vezes menos armazenamento do que a codificação hamming e 62 vezes menos do que a codificação repetição-acumulação. Bo Zhang et al. [17; p. 3430-3443] propõem um algoritmo de compressão de imagem com perdas chamado Microshift e uma arquitetura de hardware e implementam o algoritmo numa FPGA. É utilizada uma metodologia de co-design de algoritmo-hardware e obtém-se uma abordagem de compressão de hardware amigável com baixo consumo de energia. De acordo com o método proposto, a imagem é primeiro micro-deslocada e, em seguida, os valores sub-quantizados são comprimidos. É proposta a recuperação da profundidade de bits através da exploração da correlação espacial de imagens naturais utilizando os modelos FAST e MRF. Ambos os métodos podem descomprimir imagens progressivamente. O algoritmo proposto pode comprimir imagens com uma qualidade de 1,25 bits por píxel que supera os algoritmos de compressão on-chip mais avançados, tanto na relação sinal-ruído de pico (PSNR) como na semelhança estrutural (SSIM). É proposta uma rede neural de convolução de representação visual de baixa dimensão (LVR-CNN) para uma compressão eficiente de imagens baseada na pós-transformação [18; p.1-10]. Para transformar o domínio wavelet de uma representação em grande escala para uma nova versão wavelet em pequena escala utilizando LVR-CNN.

No artigo [19], é proposta uma forma de codificação de imagens fixas suportada no JPEG normal que permite ajustar o valor do tempo de compressão e descompressão e a qualidade da imagem aos desejos de cada aplicação e às condições de medida da informação. A gestão do período de tempo é processada com base num conjunto de parâmetros ajustáveis relacionados com os aspectos de implementação e com o hardware com que a fórmula. O sistema de codificação planeado avalia a relação quantitativa da compressão, o atraso do processo e a qualidade da imagem comprimida em comparação com a metodologia qualitativa.

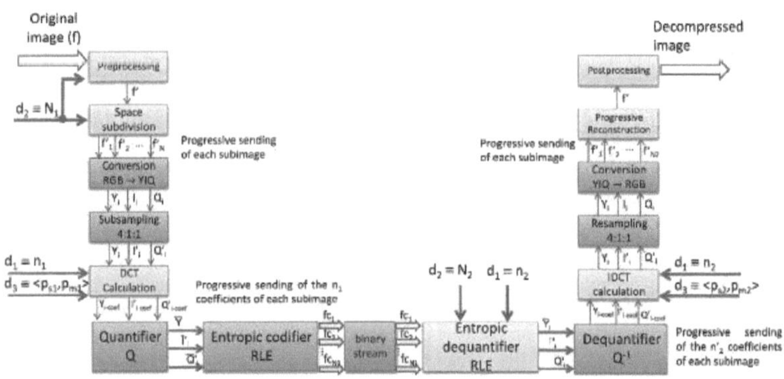

Figura 1.2. Compressão/descompressão de imagens em tempo real

Yaman Dua et al. [20] propuseram um programa algorítmico de

compressão hiperespectral com perdas baseado na conceção de autoencoders. Utiliza uma mistura da camada de convolução e da camada de max-pooling para reduzir a escala da imagem de entrada e gerar uma imagem comprimida. A primeira imagem com alguma perda de conhecimento é reconstruída explorando a camada de convolução de transposição que usa o inverso do procedimento utilizado pelo codificador. A imagem comprimida foi codificada por entropia, explorando o engenheiro de software de aritmética acomodativa associado, para transmissão ou aplicação de armazenamento. A estratégia proporciona uma melhoria associada de 28% no PSNR com um incremento de vinte e uma vezes na relação da magnitude da compressão. O impacto da compressão na classificação foi avaliado conjuntamente com o programa algorítmico de classificação de última geração da exploração experimental. Foi obtida uma diferença insignificante na precisão da classificação, o que prova a eficácia do programa algorítmico planeado.

São discutidas várias técnicas de compressão para WMSN, comparando-as entre si e os factores que influenciam o desempenho da compressão [21; p. 481-490]. A qualidade da imagem, a relação entre a magnitude da compressão, a velocidade da compressão e o consumo de energia são as principais métricas necessárias mencionadas para o desempenho da compressão. As métricas de desempenho diferem consoante a plataforma de funcionamento. As plataformas com recursos limitados, ou seja, as WMSN, têm algumas limitações em termos de memória, consumo de energia, capacidade do processador e tempo de vida dos nós sensores. Por conseguinte, a SPIHT é a técnica mais poderosa que pode ser utilizada devido às razões que se seguem: O SPIHT consegue um fluxo de bits de saída extremamente compacto e uma taxa de bits baixa com uma relação de magnitude de compressão elevada do que a dos seus antecessores, o que permite a sua potência em termos de qualidade computacional. Além disso, utiliza um esquema de partição de conjuntos na passagem de triagem para reduzir a quantidade de comparações de magnitude que, conjuntamente, diminuem a qualidade da máquina da fórmula. Finalmente, o modo progressivo do SPIHT permite interromper o método de codificação/descodificação em qualquer fase da compressão.

Em [22; p. 19-28], foi criada uma abordagem completamente única de compressão de imagens, com o apoio de uma técnica de substituição que foi criada para a compressão, designada Five Modulus Method (FMM). A nova técnica consiste em converter cada valor de elemento no bloco de grau associado 8×8 num múltiplo de cinco para cada uma das matrizes R, G e B. Depois disso, os novos valores podem ser divididos por cinco para induzir novos valores que medem o comprimento de 6 bits para cada elemento e são menos espaçosos para armazenar do que o primeiro preço de 8 bits. Além disso, foi apresentado um protocolo de substituição para a compressão dos novos valores como um fluxo de bits que oferece a possibilidade de armazenar e transferir a nova imagem comprimida de forma simples.

Noutro estudo interessante [23; p. 1289-1296], é encontrado um novo método híbrido que a combinação de DPCM preditivo e IWT pode melhorar o desempenho da codificação preditiva de compressão sem perdas. A análise dos resultados revelou que, para realizar a maior parte da compressão da codificação preditiva híbrida, a sub-banda de aproximação resultante que é codificada por IWT deve ser codificada com DPCM. A partir da análise, a técnica de prognóstico híbrido com a sequência DPCM-IWT-Huffman tem um desempenho superior com uma menor relação entre a entropia e a magnitude da compressão. A reconstrução correta da imagem é processada por comparação da distinção entre a imagem feita e a imagem original. A imagem a preto resultante da distinção mostrou que não há perda para o constituinte antecipado. A técnica preditiva híbrida proposta para compressão sem perdas pode ser uma resolução promissora para obter uma velocidade de transmissão mais rápida e menor espaço no armário para a transmissão de imagens através de redes de telecomunicações para aplicações como redes de atenção e resolução de segurança biométrica. Jau-Ji Shen et al. [24; p. 226-235] propuseram uma nova abordagem baseada numa técnica híbrida de redimensionamento de imagens para compressão de imagens com perdas. A técnica proposta não necessita de armazenamento de dados extra para a compressão e descompressão e, em vez de código de compressão, utiliza imagens encolhidas que serão digitalizadas visualmente. De acordo com os resultados, o método proposto coordenará eficazmente as técnicas típicas de redimensionamento de imagens para produzir imagens ampliadas (descomprimidas) com uma qualidade superior à das imagens JPEG. A nova abordagem à compressão com perdas melhorará o padrão das imagens descomprimidas e substituirá a utilização da compressão JPEG nas actuais técnicas de redimensionamento de imagens, para que a compressão seja efectuada diretamente no domínio espacial, sem necessidade de conversão avançada no domínio da frequência.

Sulaiman Khan et al. [25; p. 1532-1544] apresenta uma técnica de compressão associada optimizada baseada em wavelets Haar para compressão JPEG em medição e ciência de materiais e suas aplicações em processos de fabrico avançados. A medida quadrada dos resultados obtidos suporta os valores PSNR e MSE. O desempenho do método proposto é comparado com os algoritmos RLE e DCT. Os resultados estabeleceram que o HWT optimizado tem um PSNR elevado e muito crómio em comparação com o DCT e o RLE. O algoritmo proposto é mais eficiente, mais económico, mais simples e mais fácil de implementar. Além disso, este algoritmo ajuda a alcançar um CR elevado em conjunto com um PSNR elevado que garante detalhes significativos e qualidade superior durante a reconstrução da imagem. Shuai Liu et al. [26; p. 62412-62420] propuseram um algoritmo de compressão rápida baseado em fractais para imagens de RMN. Primeiro, as imagens de RM tridimensionais (3D) são convertidas numa sequência de imagens bidimensionais (2D), o que facilita a sequência de imagens suportada pela técnica de compressão de forma. Em seguida, os blocos de variação e domínio são classificados de acordo com a semelhança espácio-temporal inerente aos objectos 3D. Ao tratar a auto-similaridade, o número de blocos dentro do conjunto de correspondência é reduzido para aumentar a velocidade de correspondência da técnica projectada. Finalmente, é introduzido um mecanismo de compensação residual para realizar a compressão de imagens com elevada qualidade de descompressão. Os resultados experimentais mostram que a velocidade de compressão é melhorada em 2-3 vezes, e o PSNR é melhorado em quase dez vezes.

Jianrui Cai et al. [27; p. 3612-3625] apresentaram uma rede de decomposição de Tucker (TDNet) fácil, mas eficaz, com uma camada de decomposição de Tucker (TDL) completamente única, que pode decompor uma representação de imagem latente num grupo de matrizes e num pequeno tensor central para compressão de imagem com perdas (LIC). Alterando constantemente a classificação do tensor central e os seus níveis de quantização, temos tendência para alterar simplesmente a taxa de bits por pixel (bpp) da ilustração da imagem latente e, consequentemente, alcançámos o objetivo de utilizar um único modelo de CNN para ocultar uma variedade de taxas de bpp. Um tema de quantização não homogénea iterativa foi dado para otimizar o quantizador, uma estratégia de treino tudo-em-um foi usada para treinar a TDNet. Comparado com esquemas antigos de LIC e compressores anteriores de LIC profundos que usam redes totalmente diferentes para comprimir imagens a taxas de bits por pixel totalmente diferentes, o TDNet proposto apresenta resultados muito competitivos em conjuntos de dados de referência, empregando uma única rede. Em [28; p. 715-726], é investigada a compressão com perdas dos pesos das DNN. Impressionado com a técnica clássica de compressão com perdas, é explorada a quantização em grelha e a quantização em grelha aleatória (ou seja, quantização universal). A quantização aleatória da grelha produz uma relação taxa-distorção universalmente inteligente para quaisquer fontes a quaisquer taxas. Combinando este esquema de quantização universal com a codificação universal de fontes sem perdas e tendendo a estabelecer uma estrutura de compressão universal para DNNs.

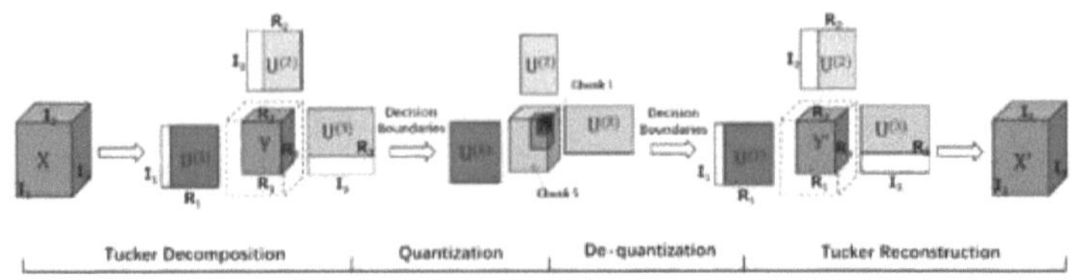

Figura 1.3. Fluxograma da camada de decomposição de tucker

Além disso, muitos cientistas do Uzbequistão conseguiram resultados sensíveis no domínio do processamento e compressão de imagens digitais. Por exemplo, métodos e algoritmos de melhoramento de imagens [29; p. 55-58], reconhecimento de padrões [30, 31], deteção e reconhecimento de objectos [32, 33, 34] e compressão de imagens [35]. No artigo [29], esta questão é resolvida com o tratamento incorreto do programa algorítmico de filtragem da mediana. Os principais resultados destes artigos podem ser um modelo de reconhecimento de operadores apoiado na avaliação do grau de associação da interligação de atributos. O desenvolvimento deste modelo foi efectuado no âmbito de um modelo de algoritmos do tipo das funções potenciais e consistiu em conjuntos distintos de sinais reticulares independentes com a escolha seguinte de um modelo de dependência mais apreciado para cada subconjunto de sinais fortemente ligados. Este modelo de reconhecimento de operadores é de grande importância na resolução da questão do reconhecimento de padrões nas condições de opções interligadas e permite alargar o âmbito da estratégia de funções potenciais [30, 31]. O modelo de reconhecimento dos operadores melhora o grau de precisão associado e reduz consideravelmente a quantidade de operações da máquina, reconhecendo um objeto desconhecido colocado na área das opções reticulares. Será utilizado na compilação de sistemas de código variados centrados na resolução de problemas de reconhecimento aplicados [31; p. 58-63].

A nova metodologia para a construção de modelos de operadores de reconhecimento, que considera a correlação de opções dadas, é concebida em [32, 34]. O objetivo principal desta metodologia é a formação de conjuntos não relacionados de opções fortemente correlacionadas e a extração do modelo de relação mais apreciado para cada subconjunto de opções fortemente correlacionadas. O maior sucesso dos operadores de reconhecimento consiste em aumentar a precisão e, por conseguinte, a diminuição vital do volume dos processos da máquina no reconhecimento de objectos desconhecidos, o que lhes permite utilizar uma vez que desenvolvem sistemas de reconhecimento que funcionam periodicamente. No caso em que uma dependência suficientemente forte é encontrada entre as opções de todos os objectos em consideração, então no método de formação de um grupo de opções representativas, as opções que continuam dados idênticos são excluídas, o que garante a escolha de opções, representando suficientemente bem todos aqueles sinais que não parecem estar contidos neste conjunto [33; p. 67-72]. No trabalho de [35], em que se reduziu o tamanho das imagens de ensaio através de interpoladores pesquisados, não se observaram lacunas e perdas de elementos estruturais.

Além disso, vários cientistas russos criaram soluções eficazes para estas questões, como a perceção visual e a deteção humana [36, 37; p. 84-99], redes neurais pré-treinadas para o tratamento de agrupamentos de imagens [38; p. 42-47], estratégias e algoritmos para o tratamento de pontos-chave do programa algorítmico de correspondência de imagens

[39; p. 86-98]. O documento fornece recomendações sobre a seleção da especificação neural convolucional mais económica a utilizar, tendo em conta o carácter das tarefas a resolver em [38]. A análise de abordagens recentes para a extração de opções a partir de imagens, que inclui as estratégias clássicas da especulação do reconhecimento de padrões e da visão por computador e estratégias para a extração de opções através de redes neuronais convolucionais. Uma técnica de correspondência de imagens por pontos-chave através da extração de caraterísticas distintivas, invariantes em termos de escala e rotação, é tida em conta em [39]. Um algoritmo é delineado para extrair caraterísticas para comparação económica de posições variadas de objectos de grau associado com uma grande variedade de distorção, uma alteração no campo de visão 3D, a presença de ruído e em constante mudança de peso. É apresentada a estratégia de transformação de caraterísticas invariantes à escala (SIFT) para a correspondência de imagens.

§1.2. Revisão dos métodos e algoritmos de deteção humana

A deteção humana refere-se à tecnologia utilizada para determinar se uma pessoa está presente num determinado ambiente. Nos últimos anos, as abordagens para encontrar uma possível solução para o problema da deteção humana são as seguintes: Sensores de luz ambiente; Sensores de proximidade ultra-sónicos; Sensores de proximidade IR; Sensores de proximidade capacitivos; Sensores de tempo de voo; Detectores IR passivos; Sensores visuais.

Sensores de luz ambiente. É criado um caso em que a deteção do ambiente é utilizada para detetar actividades humanas. Uma vez que a informação disponível corresponde apenas à posição da atmosfera circundante, a privacidade do utilizador é preservada. É incontestável que os aspectos das formas de deteção de proximidade são fascinantes e que estilos de aplicações os aproveitarão [40]. Kenneth Deprez et al. [41] investigam, através de experiências, a deteção passiva da luz humana. O sistema testado é constituído por um díodo emissor de luz (LED) e um recetor baseado em fotodíodos, ambos montados no teto. Não existe linha de visão entre o díodo semicondutor e o recetor, pelo que apenas se pensa em luz espelhada. A influência de um indivíduo é investigada com base nos valores de intensidade do sinal recebido (RSS) das reflexões de luz próxima no fotodíodo. A apostar no caso, esta influência atingirá até cinco centésimos. Os resultados experimentais mostram a influência de três cores de vestuário variadas, quatro direcções de marcha e quatro disposições diferentes. Com base nos resultados obtidos, é projetado e testado um sistema de deteção de passagem humana. O sistema atinge uma taxa de deteção de 100% num ambiente muito controlado para vinte e uma experiências. Para uma experiência de passagem sensível, o sistema mantém a sua taxa de deteção de 100% para dezanove experiências.

Sensores de proximidade ultra-sónicos. Tom van Groeningen et al. [42; p. 135-140] desenvolveram um sensor ultrassónico para a deteção da presença humana, a fim de ajudar os trabalhos de salvamento em grandes edifícios. Foi concebido como um instrumento preliminar de ultra-sons e um método de processamento de sinais no âmbito da análise. Os resultados dos testes mostram que o movimento de caminhada de alguém num espaço interno pode ser detectado com a mistura do elemento sensor e, portanto, dos algoritmos. Além disso, os testes da intensidade do sinal no fumo mostraram que os ultra-sons são capazes de "ver através" do fumo. O método suportado por um filtro de partículas permite extrair muita informação do sinal do elemento sensor comparativamente fácil, investigando especificamente o movimento do andar humano e revelando a abordagem para um sistema de posicionamento interior baseado em ultra-sons que será utilizado em situações de emergência. Foi desenvolvido um robô de salvamento móvel semi-autónomo baseado num sensor PIR e num sensor ultrassónico que pode detetar um ser humano vivo a partir de um ponto inacessível da área de desastre [43; p. 2-7]. O sensor ultrassónico é utilizado para a deteção de obstáculos no percurso de navegação do robô e o sensor de gás é utilizado para detetar fugas de gás no interior do edifício.

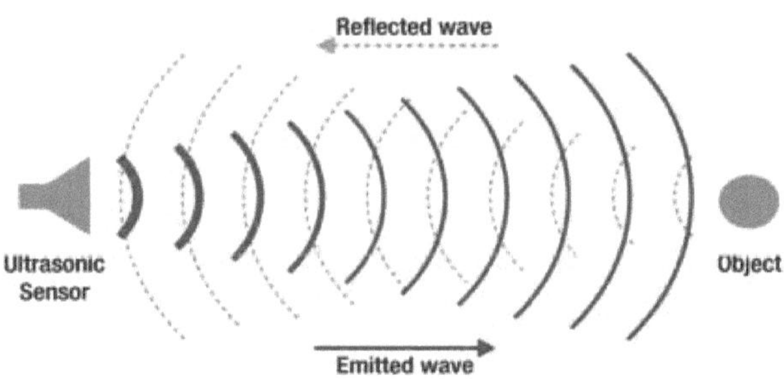

Figura 1.4. Deteção de objectos utilizando um sensor ultrassónico

Sonia et al. [44] investigam a aplicação de um classificador de uma classe à questão da exploração da deteção humana por sensores ultra-sónicos isolados. A abordagem baseia-se em regras difusas que são extraídas das opções de sinal nos domínios do tempo e da frequência. O desempenho do sistema de deteção de pessoas é avaliado em termos de precisão, taxas de verdadeiros positivos e falsos positivos através da realização de várias experiências. De acordo com os resultados, o sistema alcança uma elevada exatidão e uma elevada capacidade de recuperação com uma baixa taxa de falsos alarmes. Compara-se o seu desempenho com o classificador SVM (Support Vetor Machine) amplamente utilizado e verifica-se que o sistema proposto é comparativamente superior ao SVM de uma classe.

Sensores de proximidade por infravermelhos. Em [45; p. 34-40] é proposto um novo sistema de sensor baseado em infravermelhos (IR) para detetar a presença humana em locais específicos com elevada precisão. O sensor IR proposto foi concebido para detetar a radiação térmica do corpo humano e detecta com precisão a presença humana em locais específicos. O sistema de sensores IR proposto foi implantado com êxito num local específico e testado para detetar a presença humana. Akshaya et al. [46; p. 1490-1495] apresentam a deteção de uma pessoa utilizando o sensor Grid-EYE. O sensor é um detetor térmico de infravermelhos constituído por sessenta e quatro componentes de termopilha dispostos num formato de grelha extremamente específico. O elemento de deteção Grid-EYE está preparado para detetar um objeto em movimento, um objeto imóvel e, adicionalmente, a direção dos movimentos. O elemento sensor Grid-EYE fornece a informação sobre a temperatura da presença humana estacionária e da posição em movimento. Utilizando esta informação de temperatura como entrada associada, a deteção de uma personalidade em posição estacionária e a perseguição de uma personalidade em posição móvel exploram o filtro de Kalman. Miyazaki&Kasama [47; p. 13459-13476] propõem um algoritmo que rastreia trajectórias de movimento humano utilizando apenas dados de deteção binária obtidos por sensores de infravermelhos (IR) fixados no teto de uma sala. O algoritmo proposto pode estimar múltiplas trajectórias de movimento humano sem um conhecimento prévio do número de pessoas na sala. A repetição de previsões e estimativas de posições humanas e ligações das posições humanas anteriores às estimadas em cada período de tempo permite estimar trajectórias de movimento humano. A avaliação baseada em simulações mostra que o algoritmo pode traçar dinamicamente trajectórias de movimento humano.

Sensores de proximidade capacitivos. Em [48; p. 1149-1154] são apresentadas aplicações para uma disposição matricial de módulos de sensores de proximidade tácteis capacitivos. O princípio de deteção apresenta alguns desafios ao relacionar o sinal de proximidade com valores de distância, no entanto, o âmbito de aplicação é mais vasto do que as contrapartes ópticas. Estes sensores estão prontos para colmatar a lacuna existente na perceção de proximidade no domínio da inteligência artificial. O desafio abordado durante a investigação é o de modelar eventos no ambiente próximo do golem, nomeadamente a perseguição de objectos e a análise da atividade do seu movimento para prever a paragem e a fala. Uma nova técnica de deteção para o reconhecimento do movimento humano, que utiliza sensores de proximidade capacitivos, foi proposta em [49]. A análise para estabelecer o ponto de partida da implementação de um dispositivo capacitivo para um perfil de estilo de vida através da simulação MATLAB. A resposta de saída para numerosos valores de capacitância é aqui premeditada, provando a sua utilidade para a medição precisa da tensão que é proporcional às propriedades eléctricas do corpo do doente nos elementos sensores do dispositivo. Os valores de saída medem a mudança de fase como um esboço do movimento humano. Com a presença do corpo de uma pessoa perto do dispositivo, a forma de onda do sinal aumenta num pico de frequência explícito e, por conseguinte, o movimento do corpo humano afastado do dispositivo mostra o contrário. O resultado da simulação preliminar obtém variações corretas de deslocamento parcial numa frequência de grau que é útil em quaisquer estudos e atinge o objetivo final da perseguição do movimento e da atividade da pessoa. Atika Arshad et al. [50] desenvolvem um esquema de deteção de proximidade capacitiva para a deteção de movimento humano. O sistema proposto baseia-se na ideia de que as variações eléctricas ocorrem graças ao movimento do corpo humano e esta variação na capacitância é convertida num sinal equivalente associado que apresenta uma alteração proporcional da frequência de saída. O elemento de deteção no solo é proposto para ser utilizado por baixo dos tapetes da superfície do solo.

Os sensores são constituídos por eléctrodos de forma retangular, organizados na forma de uma matriz. Em [51], é investigado um sensor de proximidade capacitivo de curto alcance como sistema de sensor complementar em situações em que os sistemas de sensores ópticos convencionais apresentam deficiências, por exemplo, devido a requisitos de espaço. Na situação de desvio de colisão apresentada, pode ser utilizado mesmo sem visão ou instrumento de medição baseado principalmente no sistema de elementos sensores. O elemento de deteção projetado é capaz de detetar humanos e objectos de materiais condutores e não condutores que variam brevemente perto do autómato. A variação da deteção pode ser adaptada de acordo com os desejos da aplicação e do autómato. O lado do elemento de deteção do fenómeno elétrico do sensor de proximidade oferece total flexibilidade para ser ligado a superfícies arredondadas. Graças ao princípio de deteção, pode mesmo ser montado por baixo da superfície. Além disso, o elemento de deteção de proximidade capacitivo conferido é absolutamente suportado pelo Sistema Operativo de Robôs (ROS) para ser utilizado num vasto tipo de plataformas de robôs.

Jan et al. [52] apresenta uma nova conceção, de baixo custo, de pele robótica distribuída, que permite medições em tempo real da proximidade de partes do corpo humano. A solução apresentada é o baixo preço da sua implementação suportado pela matriz de eléctrodos em pente e pelo processamento em tempo real graças ao estilo eletrónico rápido e simples. É mostrado o novo plano de atividade do espaço para enquadrar os elementos através da atividade da frequência operacional de um gerador de sinais oblongo, que depende da capacidade do dispositivo elétrico aberto. O dispositivo elétrico é criado entre a matriz de eléctrodos em pente e uma placa de referência situada ao lado da matriz. A capacitância do dispositivo elétrico aberto muda se a peça de um indivíduo estiver na vizinhança. O aparelho do dispositivo desenvolvido pode ser muito amplo. Por exemplo, no domínio dos robôs cooperativos, resultará no avanço das interfaces homem-máquina e no aumento da segurança da cooperação homem-máquina. A construção planeada facilitará o cumprimento dos requisitos crescentes para robôs cooperativos.

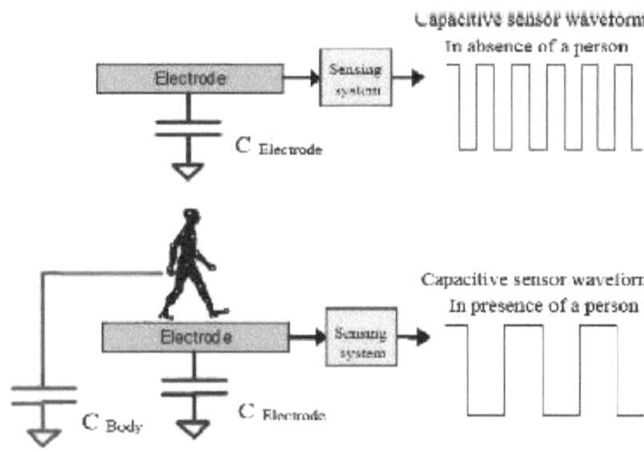

Figura 1.5. Esquema de deteção de proximidade capacitiva para deteção do movimento humano

São exploradas as capacidades dos pavimentos com sensores de pressão como ferramenta para a inteligência ambiente. É feita uma descrição exaustiva do estado da arte em matéria de pavimentos sensíveis, oferecendo sugestões de conceção resultantes da experiência de anos de investigação. Em contextos de inteligência ambiente, em que os habitantes humanos povoam o ambiente, é necessária uma interpretação da cena antes de se realizar qualquer ação autónoma. São desenvolvidas e introduzidas técnicas de rastreio e reconhecimento de pessoas e objectos no ambiente, utilizando pavimentos com sensores de carga. Os problemas que surgiram em pavimentos modulares, como a interpretação de cargas espalhadas, quando os objectos abrangem vários ladrilhos num pavimento modular e têm vários pontos de apoio, podem ser resolvidos utilizando um novo algoritmo de segmentação de objectos proposto em [53].

Sensores de tempo de voo. Em [54; p. 111-116], é apresentada uma revisão da literatura sobre casos de interação e/ou colaboração entre humanos e robôs relacionados com sistemas de segurança e alarme baseados na visão, embora a maioria dos casos revistos se baseie em várias tecnologias para além da visão. De acordo com a visão geral, é apresentada uma breve discussão sobre os desafios da visão como sistema de segurança. Os resultados são resumidos numa tabela para comparação e classificação simples. É notável que, embora se encontrem soluções técnicas, existem apenas algumas situações reais de colaboração. Na maior parte dos casos, as tarefas são executadas em sequência e são, de facto, tarefas de montagem absolutamente maquinais. O operador humano está principalmente a observar as tarefas e a sua presença nas tarefas não é contínua. As tarefas de produção ou montagem foram efectuadas em ambientes criados e comparativamente estáticos. As soluções técnicas apresentadas em [54], no entanto, indicam que as barreiras tecnológicas diminuíram nos últimos anos, aumentando assim a possibilidade de manobrar em direção a casos industriais reais com dimensões de tonelada mais pequenas e ambientes em constante mudança dinâmica. Esta mudança no sentido da colaboração homem-robô na produção implica, portanto, normas e especificações documentadas que levem esta evolução progressiva mais longe, à medida que as perspectivas futuras forem sendo consideradas. Em [55], é apresentada a utilização optimizada de uma câmara PMD baseada em ToF num AGV, cuja missão geral é deslocar o AGV de um ponto para outro em ambientes perigosos e hostis sem intervenção humana. É utilizada uma câmara ToF como dispositivo sensorial chave para a perceção do ambiente operacional, cujos dados de profundidade são preenchidos num mapa de aderência do espaço de trabalho. É adotado um ângulo ótimo de montagem da câmara através da análise das discrepâncias de desempenho de várias câmaras. Foi realizada uma série de testes estáticos e em movimento para verificar o funcionamento correto do sensor. Finalmente, na experiência de planeamento autónomo do percurso em tempo real, o AGV confiou completamente no seu sistema de perceção para sentir o ambiente operacional e evitar obstáculos estáticos quando se dirigia para o seu objetivo.

Odysseus et al. [56; p. 1230-1236] apresentam uma demonstração dos resultados da conceção de um dispositivo de deteção exterocetivo para deteção de proximidade para robôs colaborativos. O objetivo é desenvolver a aplicação do projeto como um dispositivo de deteção de proximidade de pequena dimensão para robôs. O projeto foi montado e submetido a uma série de testes de referência para validar o desempenho do sistema de sensores de tempo de voo (ToF) quando utilizado na deteção de proximidade: Caracterização de um único sensor, caraterização de sobreposição de sensores e alcance de sensores em movimento. De acordo com os testes, o anel de sensores ToF atinge uma taxa de transferência de dados em tempo real, minimizando os ângulos mortos. Foi desenvolvida uma metodologia para identificar gestos de contacto entre humanos e plataformas móveis omnidireccionais em [57; p. 1908-1915]. Combinaram dados de um scanner 3D construído com um LIDAR 2D rotativo e sensores de binário rotativos nos sistemas de tração da plataforma, estimando os gestos de contacto. Utilizaram esta infraestrutura para determinar as partes do corpo humano que entram em contacto com as plataformas móveis e as forças que lhes são aplicadas. Para conseguir uma deteção de contactos reactiva e omnidirecional utilizando o scanner 3D, optaram por um procedimento de digitalização entrelaçada, em que o seu mapa de digitalização em forma de malha permite a deteção instantânea de contactos. Embora seja difícil reconstruir um ambiente 3D sofisticado com o sensor de digitalização grosseiro, o seu método pode obter informações de contacto suficientes para uma HRI física eficaz. Assumiram que todos os objectos próximos são operadores humanos, mas esta limitação pode ser atenuada através da adoção de métodos de classificação de objectos generalizados. As informações de contacto incluem a localização de um contacto e as partes do corpo humano que estabelecem contactos, que são determinados através de métodos de agrupamento. Além disso, ao fundir estas informações de contacto com os dados sensoriais de binário rotativo, podemos estimar a força de contacto em cada local de contacto. A estimativa é sub-determinada, pelo que aplicaram uma estimativa de norma mínima e informações de contacto prévias. Por fim, demonstraram a possibilidade de utilizar gestos de contacto como uma ferramenta física de HRI através de várias experiências de prova de conceito.

Wang et al. [58] apresenta um método rápido de deteção humana em tempo real e de estimativa de fluxo utilizando imagens de profundidade captadas por uma câmara TOF de visão superior. O algoritmo proposto consiste essencialmente na deteção da cabeça com base em agrupamento e pesquisa locais, no refinamento da classificação com base em caraterísticas morfológicas humanas e no filtro de atribuição de seguimento com base em caraterísticas dinâmicas multidimensionais. Foi criado um conjunto de dados de imagens de profundidade com mais de 10000 entradas e eventos de partida com anotações detalhadas da localização humana. A abordagem robusta proposta é eficaz em situações complexas, tais como andar rápido, oclusão, cenas com muita gente, etc. Beyl et al. [59] propõem uma nova abordagem para a fusão de utilizadores detectados em mapas de profundidade 3D e também um método de registo para sensores RGB-D. A abordagem é escalável, resistente às interferências e ao ruído introduzidos pela utilização de várias câmaras Kinect e independente dos modelos com que se comparam os dados captados. Por conseguinte, a abordagem é altamente flexível, pode ser executada com diferentes algoritmos de deteção e funciona também para outros objectos que não os humanos e com outras câmaras RGB-D que não o Kinect e o PMD. No que diz respeito à latência das câmaras PMD, é de notar que os modelos de câmaras PMD que estão atualmente integrados na configuração estão ultrapassados. Espera-se que a utilização de versões mais recentes das câmaras aumente ainda mais a taxa de fotogramas e reduza o atraso.

Detectores de infravermelhos passivos. Em [60, p. 1-4], é proposta uma nova abordagem para a deteção de seres humanos vivos em ambientes devastadores, utilizando um robô autónomo de baixo custo, com recurso a sensores de infravermelhos passivos (PIR) e infravermelhos (IR). O sistema de deteção de corpos humanos vivos proposto utiliza um conjunto específico de sensores que fornecem informações sobre a presença de um corpo humano vivo e uma câmara de baixa qualidade para obter um vídeo de uma cena do ambiente. Uma vez detectado um obstáculo ou um corpo humano vivo, o conjunto de sensores acciona a câmara para mostrar uma cena ao vivo. Em seguida, o vídeo é visualizado num computador ou portátil na estação de base e processado no MATLAB para análise posterior. O sistema proposto é altamente fiável, uma vez que utiliza um conjunto de sensores para a deteção. Os dados e informações necessários para serem adquiridos e processados para a operação de salvamento são menores. É muito económico e mais rápido para ser aplicado num ambiente operacional em tempo real.

Yun et al. [61; p. 8057-8081] apresentam um estudo exaustivo da deteção e identificação do movimento humano com base na utilização de um conjunto de sensores PIR. É desenvolvido um módulo de recolha de dados com dois pares de sensores PIR alinhados ortogonalmente e lentes Fresnel modificadas. São colocados três módulos baseados em PIR num corredor para monitorizar as pessoas; um módulo no teto; dois módulos em paredes opostas, de frente uma para a outra. É recolhido um conjunto de dados de oito indivíduos quando caminham em três condições diferentes: duas direcções (para trás e para a frente), três intervalos de distância (perto de um sensor de parede, no meio, perto do outro sensor de parede) e três níveis de velocidade (lento, moderado, rápido). São utilizados dois tipos de conjuntos de caraterísticas: um conjunto de dados em bruto e um conjunto de caraterísticas reduzido composto pela amplitude e pelo tempo até aos picos; e a duração da passagem extraída de cada sensor PIR. É efectuada uma análise de classificação com algoritmos de aprendizagem automática bem conhecidos, incluindo a aprendizagem baseada em instâncias e a máquina de vectores de apoio.

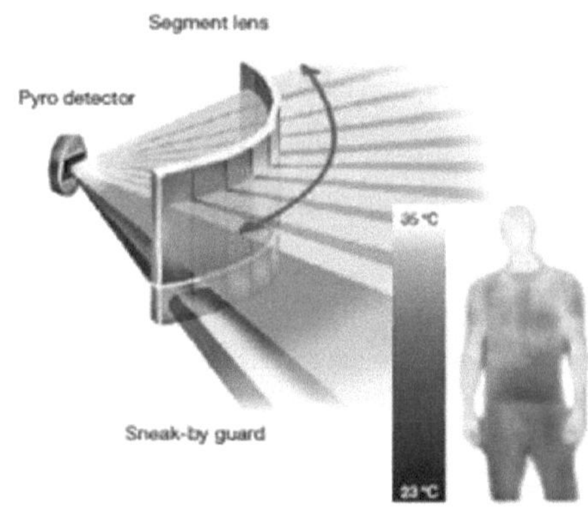

Figura 1.6. Detectores passivos de infravermelhos

Sensores visuais. Wen et al. [62] apresentam um novo algoritmo de classificação de pontos caraterísticos num ambiente dinâmico utilizando um sensor visual. As estruturas são a inicialização, a deteção de alvos estáticos e a deteção de alvos dinâmicos, que podem completar a classificação de pontos caraterísticos dinâmicos e pontos caraterísticos estáticos em vários ambientes complexos. De acordo com os resultados da experiência, os pontos caraterísticos podem ser classificados com precisão para um objeto ou vários objectos, quer estejam ou não no ambiente estático ou no ambiente dinâmico. O algoritmo proposto tem um bom efeito para os objectos em movimento com uma grande área. Assim, o segundo método de erro de reprojecção integrado na investigação proposta para a deteção de texturas pode obter um bom desempenho na classificação de caraterísticas do ambiente dinâmico utilizando um sensor de visão. A experiência foi efectuada em espaços interiores e o método pode funcionar normalmente com luz solar ou luz suficiente. Para melhorar a adaptabilidade deste método à iluminação, os três canais RGB podem ser optimizados para seis canais RGB-HSV em experiências subsequentes, e o peso do canal H pode ser aumentado para melhorar a adaptabilidade à iluminação. Nguyen et al. [63; p. 148-175] apresenta um estudo exaustivo dos métodos mais avançados, com destaque para os descritores humanos. É fornecida uma perspetiva do sucesso e do fracasso dos métodos existentes em diferentes cenários de aplicação. São também considerados os recentes avanços nos algoritmos de aprendizagem automática, a deteção humana em tempo real e a utilização de informações contextuais. São destacadas questões de investigação, tendências e futuras direcções de investigação. Além disso, é fornecida uma breve orientação para a seleção de métodos adequados com base nas caraterísticas das aplicações visadas. Finalmente, o desenvolvimento da deteção humana chegou a uma fase em que podem ser construídos detectores eficazes para aplicações em que é visível um corpo completamente ereto ou em que é necessário detetar a parte superior do corpo (com menos deformação).

Em [64], é apresentado um levantamento exaustivo dos métodos mais avançados de reconhecimento da atividade humana (HAR) com base na visão e de reconhecimento da atividade humana (HAR) com base em sensores. São abordadas várias perspectivas do trabalho existente, que incluem designs de caraterísticas artesanais, modelos, arquitecturas profundas, conjuntos de dados e protocolos de avaliação. É realçado o desenvolvimento atualizado tanto do HAR baseado em sensores como do HAR baseado em visão. Foram investigados diferentes conjuntos de dados, reflectindo os principais requisitos das aplicações de reconhecimento de atividade: funcionamento em tempo real com recursos computacionais a bordo limitados e condições de observação restritas (por exemplo, resolução limitada da câmara). São analisadas as caraterísticas, os pontos fortes e os pontos fracos dos modelos tradicionais de aprendizagem automática e de aprendizagem profunda utilizados no HAR. O inquérito também abordou os desafios no tópico HAR e possíveis soluções para esses desafios. Para além das aplicações generalizadas de reconhecimento de actividades no reconhecimento de padrões e no processamento de imagens, existem vários problemas para investigação futura, como o rastreio de actividades, a conceção do sistema e a velocidade. Espera-se que o inquérito incentive mais investigação na área do reconhecimento de atividade.

Outro estudo interessante relacionado com técnicas de deteção humana baseadas na visão é apresentado em [65; p. 461-469]. São comparadas três abordagens baseadas em câmaras para a deteção de pessoas no contexto da contagem de pessoas. É analisado o seu desempenho no contexto de diferentes orientações da câmara, a densidade de pessoas, condições de iluminação e oclusões. Depois de as analisar em diferentes cenários, observa-se que a abordagem baseada no histograma de gradientes é a mais robusta. Além disso, a utilização de um núcleo RBF, em vez de um núcleo linear, é eficaz para melhorar o desempenho. O método de diferenciação de fotogramas é fácil de implementar e rápido, mas tem uma precisão fraca. O método de Hough tem um bom desempenho quando a câmara está na posição aérea, mas falha nas outras orientações. Demonstra-se que as técnicas que utilizam a classificação em vez de caraterísticas para representar os seres humanos funcionam de forma eficaz e com maior precisão. Demonstra-se também a necessidade de algoritmos de deteção humana mais rápidos, que não exijam treino e classificação complexos, para que possam ser utilizados em sistemas em tempo real.

Vandit et al. [66; p. 2805-2809] desenvolvem um novo método que incorpora Histogramas de Gradientes Orientados, Saliência Visual e o modelo de previsão de saliência Deep Multi-Level Network para detetar seres humanos em sequências de vídeo. É implementado o algoritmo k - Means para agrupar os vectores de caraterísticas HOG das janelas detectadas positivamente e determinar o caminho seguido por uma pessoa no vídeo. Em [67], é apresentado um levantamento exaustivo do trabalho realizado entre 2010 e 2018 em diversas áreas de soluções de reconhecimento de acções humanas. Propõe-se uma nova taxonomia para categorizar o trabalho de análise realizado no domínio do reconhecimento da atividade e divide-se a literatura predominante em 3 subáreas: baseada no movimento, baseada na ação e baseada na interação, principalmente. As pesquisas dividiram-se em 10 sub-tópicos totalmente diferentes e apresentam a mais recente análise que acrescenta estes sub-tópicos. Ao contrário de pesquisas anteriores que se concentram apenas em um estilo de atividades, são cobertas todas as subáreas no reconhecimento de atividades e fornecem uma comparação do mais novo trabalho de análise nessas subáreas. São mencionados os principais atributos e abordagens de conceção do trabalho conferido. É oferecida uma análise extensiva apoiada por dez métricas vitais, para administrar ao leitor, um resumo completo das técnicas progressivas e tendências em várias sub-áreas do reconhecimento da ação humana. Gotovac et al. [68; p. 1-25] analisam o problema da comparação da precisão da deteção humana em imagens aéreas. Um algoritmo baseado em redes neurais profundas em missões

SAR foi obtido por UAS entre SAR e especialista em SAR. As missões de pesquisa de teste para fins de investigação são planeadas da seguinte forma Experiências e estatísticas do serviço CMRS, bem como dados disponíveis na literatura mundial. Trinta e seis missões de teste foram registadas e acrescentadas à base de dados de imagens HERIDAL já existente, onde são visualizados fragmentos de imagens de mais de 68 750 pessoas no deserto, numa perspetiva meteorológica 500 etiquetas, imagens do mundo real em tamanho real de 4000x3000 pixéis, todas elas contendo pelo menos uma pessoa guardada. Todas as tarefas planeadas, concluídas e escritas foram processadas por um algoritmo de processamento de imagens baseado em CNN especialmente concebido e denominado ROI do ScoreMap. Foi desenvolvida uma aplicação Web onde os peritos podem analisar as missões registadas. Foram submetidas quatro missões para análise, duas das quais foram processadas e etiquetadas com o ScoreMap. No algoritmo ROI, as outras duas não são definidas. Quarenta e nove peritos analisaram as missões propostas, e todos os dados de processamento são armazenados numa base de dados. Os resultados obtidos foram analisados foi implementado e eles mostram que eles alcançam melhor memória do que o algoritmo ROI de ScoreMap observador médio.

Paul et al. [69; p. 1-16] analisam as técnicas de deteção disponíveis no período anterior aos anos de investigação da revisão. O processo de deteção consiste em duas etapas: deteção de objectos e classificação de objectos. Todas as técnicas de deteção de objectos disponíveis são classificadas em métodos de subtração de fundo, fluxo ótico e filtro espácio-temporal. As técnicas de classificação de objectos são classificadas em métodos baseados na forma, no movimento e na textura. São apresentadas as caraterísticas dos conjuntos de dados de referência e são analisadas as principais aplicações da deteção de pessoas em vídeos de vigilância.

§1.3. O estudo dos sistemas, complexos e robots de busca e salvamento

A busca e salvamento (SAR) consiste na procura e prestação de ajuda a pessoas que se encontram em perigo ou em perigo próximo. O campo geral da busca e salvamento inclui vários subcampos especializados, normalmente determinados pelo tipo de terreno em que a busca é efectuada. Estes incluem o salvamento em montanha; a busca e salvamento em terra, bem como a utilização de cães de busca e salvamento; a busca e salvamento urbanos nas cidades; a busca e salvamento em combate no campo de batalha e o salvamento ar-mar sobre a água. Nos últimos anos, estão a ser realizados muitos tipos de investigação para estudar questões de busca e salvamento em todo o mundo. Os princípios gerais da formação de grupos e da divisão do grupo em subgrupos com diferentes funções, o carácter específico da organização de missões de salvamento em condições extremas são apresentados em [70; p. 1242-1246]. É demonstrado que a autonomia de robôs individuais e de grupos de robôs, a redundância de robôs e a permutabilidade são formas de aumentar a fiabilidade. São também apresentadas algumas abordagens gerais para resolver os principais problemas de evacuação.

Rahman et al. [71; p. 42094-42107] apresentam uma técnica Collab-SAR para missões de salvamento humano em ambiente alpino hostil. É proposta a infraestrutura AGCWN com comunicações sem fios entre os agentes de salvamento - tal como previsto no projeto SHERPA - e os principais requisitos de comunicação, nomeadamente o elevado débito e a cobertura de longo alcance. É desenvolvida uma infraestrutura adequada à finalidade da AGCWN em ambiente alpino, que realizou um estudo comparativo entre várias tecnologias sem fios existentes e selecionou a mais adequada. Como parte integrante do Collab-SAR, é proposta a ENST, uma variante da proeminente PST, que serve como técnica de pesquisa colaborativa para acelerar a operação de pesquisa. A ENST foi desenvolvida utilizando a troca de informações intra e inter-equipas possibilitada pela infraestrutura AGCWN. Em [72; p. 191617-191643], é feito um levantamento do estado da robótica SAR, com especial incidência nos sistemas SAR multi-robot. É analisada a conceção e a implementação de pontos de sistemas multi-robô para missões SAR do mundo real, complementando a visão ao nível do sistema. O trabalho de investigação diferencia os sistemas heterogéneos e as técnicas de perceção ativa que podem ser aplicadas a sistemas SAR multi-robô. São também enumeradas as principais questões de investigação em aberto nestas direcções. Niroui et al. [73; p. 610-617] apresentam a utilização da aprendizagem profunda para abordar a tarefa de exploração por robôs em aplicações USAR. Combinaram a abordagem tradicional da exploração baseada em fronteiras com a aprendizagem profunda por reforço para permitir que um robô explore autonomamente ambientes desordenados desconhecidos. As experiências realizadas em ambientes desordenados desconhecidos de diferentes tamanhos e disposições mostraram que a abordagem de exploração proposta pode determinar eficazmente as localizações de fronteira adequadas para navegar, sendo robusta a diferentes disposições e tamanhos de ambiente. Há métricas de comparação com outras abordagens de exploração de fronteiras que mostraram que a técnica de exploração de fronteiras baseada na aprendizagem proposta foi capaz de explorar mais cedo um ambiente, permitindo a potencial identificação de um maior número de vítimas no início da tarefa de exploração de tempo crítico. A deteção analógica e o controlo remoto integrado do movimento Leap para o sistema de robôs de busca e salvamento são desenvolvidos em [74].

Em [75; p. 433-449] é apresentada uma nova técnica autónoma de procura de pessoas para um robô que encontra um grupo de utilizadores dinâmicos. A abordagem de investigação baseia-se em informações sobre a atividade para prever onde, quando e durante quanto tempo um utilizador estará numa sala específica. Isto permite a criação de planos de pesquisa sem qualquer pressuposto sobre a frequência dos movimentos do utilizador. O problema de pesquisa é representado como uma extensão do problema de orientação (OP), que definiu o OP de pesquisa de pessoas por robôs (PSOP). A informação sobre a atividade do utilizador é representada como funções espaço-temporais de densidade de probabilidade da atividade do utilizador (APDFs). Resolve-se o PSOP utilizando APDFs para gerar um plano de pesquisa que maximize o número esperado de utilizadores encontrados antes do prazo. A solução do PSOP é obtida em duas etapas. Na primeira etapa, resolve-se uma variante do problema da mochila multiperíodo para determinar que salas devem ser pesquisadas e durante quanto tempo. Na segunda etapa, é resolvido o problema do caixeiro-viajante para obter a ordem pela qual as salas devem ser pesquisadas. Foram realizadas experiências para validar o desempenho do método de pesquisa de robôs proposto na procura de diferentes números de utilizadores dinâmicos múltiplos para diferentes tamanhos de ambiente e durações de pesquisa.

Kashino et al. [76; p. 1-13] propõem uma estratégia híbrida de busca de alvos completamente única, onde uma rede de sensores estáticos é apoiada por um esforço de busca móvel. A metodologia de conceção projectada correspondente determina uma conceção de implantação de rede de sensores estáticos optimizada espácio-temporalmente para facilitar a preparação física e maximizar a possibilidade de deteção de alvos. Posteriormente, as rotas e trajectórias dos mecanismos são planeadas para levar os sensores a localizações óptimas de sensores estáticos, simplesmente a tempo. A metodologia projectada foi ilustrada através de experiências WiSAR simuladas. As simulações foram realizadas conjuntamente para investigar o resultado da disponibilidade de recursos de pesquisa móveis e estáticos no desempenho do planeamento e da pesquisa. Os resultados mostraram que a utilização de robots para procurar, ao passo que a implementação de uma rede de sensores estáticos, pode melhorar significativamente o sucesso na localização do alvo móvel.

Ferrari [77] propõe um modelo de programação matemática para o planeamento de operações SAR, considerando uma frota heterogénea de aviões a serem despachados dos aeroportos disponíveis e alocados em áreas de busca específicas. O modelo e as respectivas quatro variantes foram desenvolvidos de acordo com diferentes prioridades relacionadas com a área, o tempo e os custos e resolvidos para aplicações práticas. É discutido que a importância de salvar vidas é globalmente reconhecida, a necessidade de prestar serviços de busca e salvamento (SAR) aeronáuticos e marítimos a pessoas em perigo.

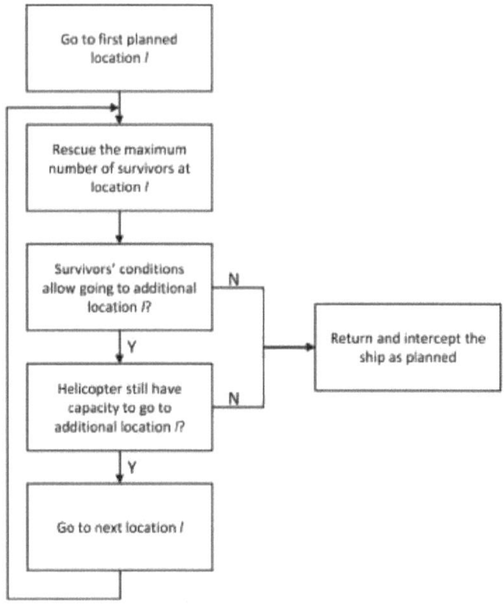

Figura 1.7. Fluxograma para a tomada de decisões aquando da execução do plano de salvamento [77]

O método de salvamento proposto e as instalações a utilizar são escolhidos após a localização das pessoas ou objectos. É também analisada a dinâmica das operações de salvamento devido a emergências aéreas ou marítimas, uma vez que a investigação em modelação de problemas de planeamento de SAR considerando múltiplos aspectos práticos é limitada na literatura. O modelo considerou questões importantes para o planeamento do salvamento que podem ocorrer em operações reais em alto mar, tais como a falta de pontos de apoio, diferenças no desempenho dos veículos e informações incertas dos voos de busca. Em [78] é desenvolvido um robô multifuncional de busca e salvamento especialmente concebido para o efeito.

Din et al. [79; p. 53-65] apresentam um modelo baseado no comportamento de um enxame de pequenos robôs para realizar uma operação SAR económica associada num ambiente desconhecido associado. O enxame é perseguido por um líder virtual (LV) eleito dinamicamente. Um mecanismo dinâmico autónomo de procura de objectivos, abordagem baseada no comportamento de vitimização, destina-se a procurar alvos (vítimas). Sob a liderança do VL, o modelo planeado mantém a integridade do enxame enquanto o conduz da sua posição atual para objectivos documentados. A lógica formal foi utilizada para estilizar os módulos de atividade constituintes, particularmente a fuga de obstáculos, o alinhamento e a coesão entre robôs. O modelo foi simulado para validar a sua potência e, por conseguinte, os resultados revelam que os robôs que se deslocam como um enxame são mais práticos no âmbito do método SAR do que vários robôs individuais. Um modelo de robô semi-autónomo de busca e salvamento foi concebido em [80].

É feito um levantamento do estado da arte em matéria de robôs terrestres e aéreos, sistemas marinhos e anfíbios e interfaces de controlo homem-robô e avalia-se o grau de preparação destas tecnologias em relação às necessidades dos socorristas e aos esforços de recuperação de catástrofes em [81; p. 1171-1191]. São recolhidas opiniões de peritos das partes interessadas na resposta a emergências e de investigadores. Queralta et al. [82; p. 1-28] analisam as abordagens existentes para o apoio SAR multi-robô, de uma perspetiva algorítmica e colocando a ênfase nos métodos que permitem a colaboração entre os robôs. Além disso, colocam esses algoritmos no contexto dos diferentes desafios e condicionalismos que os vários tipos de robôs encontram em diferentes ambientes SAR. A revisão considera robôs SAR heterogéneos em diferentes ambientes, apresentando dois pontos de vista complementares: mecanismos de controlo e perceção da máquina. Com base na revisão do estado da arte da investigação, são discutidas as principais questões de investigação em aberto e são delineadas as suas ideias (dos autores) sobre as abordagens actuais que têm potencial para melhorar o desempenho no mundo real dos sistemas SAR com vários robôs. São analisadas as tecnologias robóticas modernas, a mecatrónica, os sensores para robôs e os projectos de robôs de busca e salvamento em [83, 84, 85, 86, 87, 88, 89].

É explorada a aplicação da robótica para alerta e resposta a catástrofes, benefícios e factores que influenciam a utilização de robôs, a fim de justificar a utilização eficaz da robótica para a gestão de catástrofes nos EAU (Emirados Árabes Unidos) em [90; p. 215-221]. O estudo é realizado para atingir um objetivo definido, com 24 participantes selecionados por amostragem aleatória de três organizações de emergência do país. Para aumentar o conhecimento e a utilização da robótica para o futuro alerta e resposta a catástrofes nos EAU, é necessário continuar a realçar o papel da implantação da robótica para ajudar a minimizar os riscos e os impactos das catástrofes nos socorristas e no público.

Os robôs de salvamento podem ser genericamente classificados em tipos baseados na modalidade e no tamanho [91], embora tenham sido propostas outras taxonomias que misturam a modalidade, o tamanho e a tarefa [92]. Existem três modalidades de robots: terrestre, aérea e marítima

[93].

Robôs terrestres. Ning et al. [94] propõem um projeto de robô de salvamento com pernas sobre rodas com grande capacidade de adaptação ao ambiente. O projeto é adequado para ajudar as equipas de salvamento a concluírem as suas missões, como a busca ambiental e pessoal, de forma rápida e precisa. O projeto do robô de resgate com pernas e rodas inclui o estado das rodas, o processo de elevação do centro de rotação e o estado das pernas. Em seguida, os estados de movimento são analisados em pormenor, o que fornece uma referência para o controlo do movimento. Também é analisado o estado da roda e o estado da perna que partilham a mesma estrutura para entrar em contacto com o solo, o efeito da rigidez da estrutura da roda e da perna no desempenho do movimento. Um sistema de controlo do movimento de um robô de salvamento foi concebido e implementado em [95; p. 1183-1186]. É utilizado o algoritmo PID para realizar o controlo em circuito fechado do motor, o que melhora a precisão do sistema de controlo da velocidade e aumenta a capacidade de controlo do robô de salvamento. De acordo com os resultados, o robô de resgate pode funcionar sem problemas em condições de estrada complexas sob o controlo remoto. Em [96], o veículo terrestre não tripulado (UGV) e as suas áreas de aplicação são analisados.

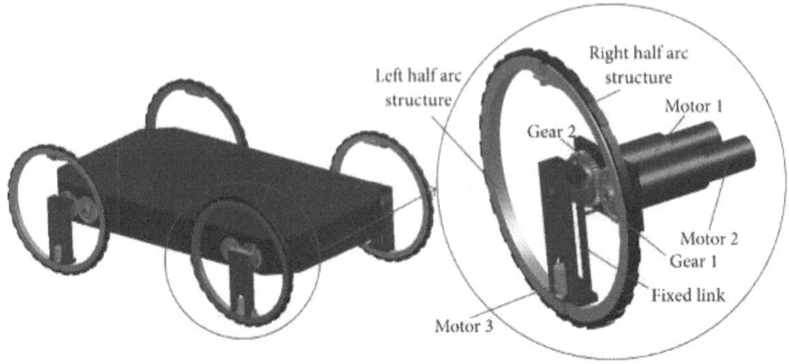

a)

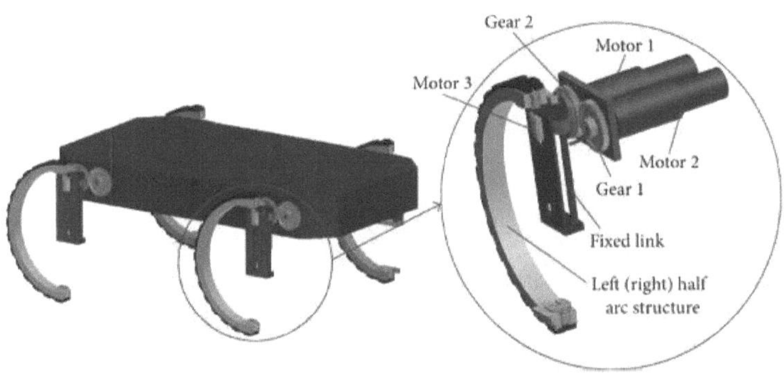

b)

Figura 1.8. Diagrama da estrutura geral do robô de salvamento com pernas e rodas: (a) Robô no estado de roda; (b) Robô no estado de perna [94]

Luo et al. [97; p. 1993-1999] apresentam o WPI Origami Robotic Snake, que é capaz de executar os modos de locomoção de ondulação lateral (serpentina) e de deslocamento lateral. O robô é um sistema modular, leve e de baixo custo, em que cada módulo tem o seu próprio controlador escravo, deteção distribuída e atuação. O OriSnake utilizou uma fonte de alimentação externa para acionar os motores. Isto foi feito principalmente por uma questão de simplicidade, para controlar a corrente máxima durante os testes. É pouco provável que a utilização de baterias a bordo prejudique o desempenho da cobra. Em [98; p. 219-224], foram desenvolvidos robôs móveis em miniatura capazes de trabalhar num ambiente confinado para procurar sobreviventes após catástrofes. Foi concebida a configuração mecânica principal do robô, que é composta pelo sistema de acionamento, o sistema de locomoção, o sistema de transmissão e o sistema de salto.

Tanaka et al. [99; p. 531-541] desenvolveram um robô móvel articulado que pode subir escadas e também deslocar-se em espaços estreitos e em terreno tridimensional. Apresentam dois métodos de controlo para o robô. É utilizado um método de direção tridimensional para adaptar o robô ao terreno circundante. De acordo com este método, o robô relaxa as suas articulações, permitindo-lhe adaptar-se ao terreno utilizando o seu próprio peso, e depois retoma o seu movimento utilizando o método "follow-the-leader". O método semi-autónomo de subida de escadas é o segundo método de controlo. De acordo com o segundo método, o robô liga-se aos degraus das escadas utilizando um corpo chamado peça de ligação e, em seguida, desloca a peça de ligação da cabeça para a cauda. O robô utiliza então a informação do sensor para deslocar a peça de ligação com o tempo adequado. O robô pode subir escadas utilizando este método, mesmo que as escadas sejam íngremes e as dimensões do degrau e do piso das escadas sejam desconhecidas. São efectuadas experiências para demonstrar a eficácia dos métodos propostos e do robô desenvolvido. Em [100; p. 208-213], é proposto um protótipo de robô de busca e salvamento que pode localizar-se num ambiente conhecido, mas num local desconhecido, encontrar as vítimas e levá-las para zonas seguras. O robô pode não só localizar-se a si próprio como também planear o caminho mais curto para apanhar e largar objectos. A técnica de localização baseia-se no método de posição baseado em mapas, enquanto o algoritmo do caminho mais curto é o teorema de Dijkstra modificado. O robot pode ser utilizado para socorrer as vítimas no mais curto espaço de tempo e com o mínimo de danos para as unidades de socorro. Em [101] é desenvolvido um sistema de robots de busca e salvamento com capacidades médicas.

Em [102; p. 1-17] é descrita uma plataforma robótica humanoide denominada DRC-HUBO+. Além disso, são delineados os critérios de aparência, a estrutura de software e hardware e os testes experimentais. O DRC-HUBO+ é utilizado para executar tarefas por teleoperação em ambientes de risco que não são seguros para os humanos, como zonas de catástrofe. O DRC-HUBO+ foi concebido com uma estrutura exoesquelética para lhe conferir uma rigidez de sobra em relação à sua massa. Todos os fios estão encaixados no corpo do robô, utilizando um eixo oco e coberturas para proteger os fios de choques externos. No que diz respeito ao sistema de visão, o conhecimento ativo do ambiente pode ser realizado através de um dispositivo de deteção de luz e de câmaras de visão na cabeça. Para obter uma qualidade estável, o golem passará do modo de marcha bípede para o modo de roda, utilizando rodas colocadas em ambos os joelhos. O DRC-HUBO+ tem trinta e dois graus de liberdade (DOF), incluindo sete DOF para cada braço e seis DOF para cada perna, e um corpo sólido e leve com uma altura de cento e setenta cm e uma massa de oitenta unidades de peso. A estrutura de software mencionada como PODO, com um kernel de sistema UNIX e o patch Xenomai, é utilizada no DRC-HUBO+.

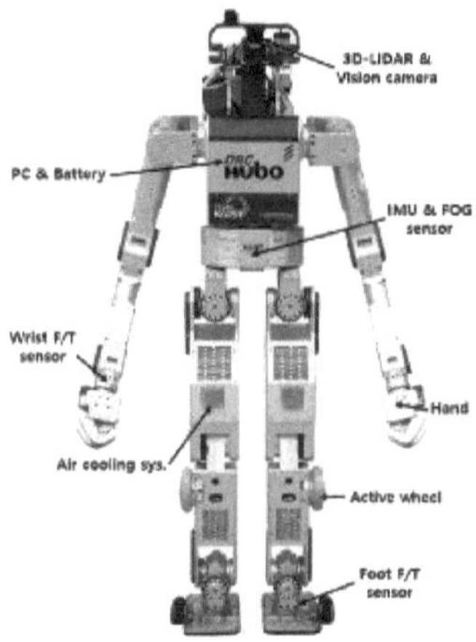

Figura 1.9. Robô DRC-HUBO

Em [103; p. 145-155] é proposto um novo robô transformável com pernas e rodas, denominado Land Devil Ray (LDR), para missões de busca e salvamento em terrenos complexos. O Land Devil Ray (LDR) foi concebido com um mecanismo de locomoção transformável com pernas e rodas, com ligações de várias barras, que pode passar de uma mobilidade com rodas circulares para uma mobilidade com pernas e rodas, ou vice-versa, para se adaptar a diferentes terrenos. A transformação de pernas com rodas foi concebida para ser acionada passivamente ao entrar em contacto com os obstáculos, ou ser ativamente conduzida sem atuador extra através de um mecanismo de acionamento ativo. Os parâmetros da estrutura com pernas de roda são também optimizados para uma taxa de sucesso de transformação ideal e uma melhor capacidade de negociação de obstáculos. Em [104; p. 1129-1134], foi desenvolvido um robô de vigilância sustentável e de baixo custo, utilizando um Arduino juntamente com um escudo de motor e um smartphone Android que executa o sistema operativo. O robô pode ser controlado remotamente através do módulo Wi-Fi e de um microcontrolador montado no robô, utilizando um smartphone. A câmara montada no robô é utilizada para captar e gravar vídeo em tempo real do robô. O robô pode ser controlado com base no feedback visual do mesmo smartphone. Os motores DC de quatro rodas ajudam a navegar o robô e o sensor ultrassónico a evitar obstáculos. A câmara está ligada à ligação Wi-Fi do robô, o que lhe permite captar o ambiente ou qualquer objeto de interesse. Em [105], foi desenvolvido um sistema de robô móvel de salvamento capaz de executar autonomamente a missão de salvamento para detetar vítimas humanas presas em edifícios desmoronados na zona de catástrofe. É utilizado para construir o sistema: Deteção de alvos baseada em câmaras, sensores térmicos e ultra-sónicos. Os sinais dos sensores e as imagens captadas pela câmara são visualizados num PC no centro de comando através de uma rede de sensores sem fios (RSSF). É utilizado o sensor ultrassónico para a deteção de obstáculos, de modo a permitir que o robô móvel navegue na sua trajetória, enquanto a câmara é integrada para observar e analisar o estado da área sinistrada. O desempenho do sistema é avaliado por simulação e os resultados mostram que o sistema proposto é capaz de reduzir o impacto e as perdas de vidas humanas em zonas de catástrofe. Annuar et al. [106; p. 36-41] desenvolvem um protótipo de veículo robótico que utiliza dispositivos móveis como controlador através de transmissão Bluetooth. A distância pode variar de 10 metros a 100 metros, dependendo do tipo de módulo Bluetooth utilizado na pesquisa. O robô é alimentado pela placa Arduino Uno R3, que utiliza uma pilha AA de 9V como fonte de alimentação. Para controlar o robô utilizando dispositivos móveis, foi concebida uma aplicação utilizando o MIT Inventor para criar uma interface de aplicação entre o robô e os dispositivos móveis. O braço robótico será concebido utilizando o software AutoCAD. Os robôs modernos de busca e salvamento são analisados em [107]. Os sensores modernos para aplicações militares são analisados em [108].

Yadav et al. [109; p. 3-7] propõem um robô de deteção humana baseado em Raspberry Pi, que pode ser utilizado para detetar seres humanos vivos presos debaixo de escombros numa zona de catástrofe. O robô navega através de um percurso em ziguezague e é controlado por uma aplicação android. O número de sensores montados no Raspberry Pi: Sensor de radar de micro-ondas, sensor ultrassónico, sensor de temperatura e sensor de gás. O sensor de radar de micro-ondas também é utilizado para detetar o ser humano atrás do obstáculo. O sensor de temperatura é utilizado para detetar a temperatura e o sensor de gás é utilizado para detetar fugas de gás, respetivamente. E o módulo de câmara é utilizado para analisar o cenário atual. Um algoritmo de deteção humana utilizado em operações de busca e salvamento foi desenvolvido em [110].

Robôs aéreos. Miyano et al. [111; p. 26810-26820] propõem um método de programação de sistemas de busca multi-UAV que tem em conta tanto o tempo de processamento dos dados de imagem como o tempo de transferência de dados. É apresentada uma formulação de problema baseada na utilidade que garante a atualização contínua da informação e a obtenção do maior número possível de informações durante um determinado período. De acordo com os resultados da simulação, o método proposto maximiza a utilidade do utilizador e tem um desempenho melhor do que um método de programação convencional em termos de métricas de avaliação centradas no utilizador. Descreve-se a conceção e implementação de um sistema robótico

Sistema Aéreo Autónomo Não Tripulado (AUAS), nomeadamente o sistema ROLFER (Robotic Lifeguard For Emergency Rescue), que pode fornecer imediatamente serviços de salvamento e resgate em [112; p. 32-42]. A plataforma proposta é utilizada em serviços de salvamento que requerem uma reação rápida no contexto de uma emergência. A arquitetura do ROLFER e os seus elementos são detalhados tanto em termos de hardware como de software. É estudado o desempenho do sistema, tanto em termos de precisão como de tempo de intervenção. Os resultados obtidos em condições reais de voo demonstram a eficácia do sistema proposto. Geraldes et al. [113; p. 122583-122594] apresentam um sistema de consciência situacional baseado em UAV, denominado Person-Action-Locator (PAL), que pode ser utilizado em missões de busca e salvamento ou de vigilância. Os principais componentes do sistema PAL são (1) o componente de Deep Learning que detecta automaticamente pessoas e reconhece as suas acções, (2) o conversor Pixel2GPS que estima a posição GPS das pessoas através do processamento de imagem, e (3) a interface PAL que visualiza as pessoas e acções detectadas num mapa. A integração de todos os componentes do sistema foi testada com sucesso no terreno. Os modelos de aprendizagem profunda também foram rigorosamente avaliados. Um aspeto importante do nosso modelo de aprendizagem profunda para a deteção de pessoas (POINet) é que o modelo proposto não se baseia em pressupostos da orientação ou do rácio de aspeto das caixas delimitadoras.

Figura 1.10. Veículo aéreo não tripulado numa missão pós-catástrofe

É considerada a utilização de uma equipa de múltiplos veículos aéreos não tripulados (UAV) para realizar uma missão de busca e salvamento (SAR) no menor tempo possível, salvando o maior número possível de pessoas em [114; p. 55817-55832]. É proposta uma nova técnica para o problema SAR, o algoritmo de busca e salvamento em camadas (LSAR). A novidade do algoritmo proposto inclui a simulação de catástrofes reais para distribuir tarefas SAR entre UAVs. O desempenho do algoritmo é comparado, em termos de percentagem de sobreviventes salvos e de tempos de salvamento e execução, com as abordagens de soma máxima, baseadas em leilões e inspiradas em gafanhotos para esquemas de atribuição de tarefas a vários UAV (LIAM) e de atribuição oportunista de tarefas (OTA). É demonstrado que os UAVs que executam o algoritmo LSAR resgatam, em média, cerca de 74% dos sobreviventes, o que é 8% superior ao segundo melhor algoritmo (LIAM). Em [115; p. 64386-64400], são destacados os benefícios do simulador na avaliação do desempenho de dois modelos diferentes de UAV (com base nos seus registos de voo) sob várias considerações de factores de mapeamento.

Robôs marinhos. Zereik et al. [116; p.350-368] analisam alguns dos domínios mais relevantes da robótica marinha com um impacto científico, comercial e social de grande alcance. A primeira parte da investigação centra-se em projectos pioneiros selecionados neste domínio e traça o percurso dos principais objectivos alcançados. Na segunda parte da investigação, são discutidos muitos dos desafios emergentes, destacando a sua importância e o seu papel no avanço da investigação e do desenvolvimento no domínio da robótica marinha. São apresentadas algumas das principais tendências envolvendo metodologias e tecnologias de ponta em robótica, juntamente com uma visão alargada dos próximos passos a dar. Em [117; p. 863-869], são concebidos os algoritmos de processamento de imagem e de extração de caraterísticas para o sistema de deteção de alvos por radar marítimo USV. É também proposta uma seleção adaptativa do algoritmo de filtragem que pode manter a nitidez da imagem e o detalhe dos bordos, melhorando simultaneamente a eficiência computacional. Propõe-se que o algoritmo de segmentação de imagens com duplo limiar adaptativo se adapte melhor às alterações de luminosidade no mesmo fotograma e entre fotogramas. O algoritmo proposto pode completar a rotulagem de todos os componentes ligados num único exame, mesmo que a imagem seja complexa. Por último, as caraterísticas de localização, área e momentos invariantes são extraídas da imagem de radar. Os algoritmos propostos são validados na deteção de alvos em imagens reais de radar marítimo de USV. De acordo com os resultados, o procedimento baseado nos algoritmos acima referidos tem um bom desempenho no sistema de deteção de alvos em tempo real baseado no radar marítimo USV, e estes métodos são viáveis e eficazes para a tarefa de deteção de alvos. Em [118], são analisados sistemas inteligentes no domínio da robótica de desastres, tais como veículos terrestres não tripulados (UGV), veículos aéreos não tripulados (UAV) e veículos de superfície não tripulados (USV).

Foi desenvolvido um projeto concetual de um veículo de superfície não tripulado multi-missão, que pode operar individualmente ou cooperar com outros sistemas em [119]. O veículo não tripulado designado Veículo de Superfície Não Tripulado para a Marinha Portuguesa - USV- PoN faz parte de uma estratégia de aprendizagem orientada por projectos em desenvolvimento na Academia Naval Portuguesa. Abordam-se os desafios que o conceito de operações e as correspondentes especificações técnicas colocam ao projeto do USV-PoN e mostra-se como ultrapassá-los fazendo o estudo e análise necessários para a produção de um protótipo baseado no conceito de projeto. São também considerados aspectos relacionados com o desenvolvimento e integração de sensores, bem como o comando e controlo do veículo.

É abordado o trabalho realizado no âmbito do projeto ICARUS sobre o desenvolvimento de tecnologias complementares de sistemas marítimos não tripulados para busca e salvamento em [120]. O objetivo do trabalho de investigação foi o de fornecer um conjunto de ferramentas que possam atuar não só como parte do conjunto de ferramentas do ICARUS, mas que também possam ser utilizadas de forma independente. Por um lado, esses desenvolvimentos consistiram em dotar os veículos de superfície telecomandados de média e grande dimensão de capacidades perceptivas e involuntárias acrescidas, de modo a poderem efetuar operações de busca e salvamento em ambientes complicados, com a presença de embarcações alternativas e de vítimas na água, reportando às estações de gestão informações sobre a situação. Por outro lado, a ideia de uma cápsula telecomandada, que pode estar preparada para transportar uma jangada e insuflá-la à beira das vítimas, foi prototipada, e a integração como carga útil de plataformas telecomandadas de maiores dimensões foi conjuntamente abordada. Estes desenvolvimentos e a sua validação em profundidade em muitos ensaios e demonstrações no terreno administrados no projeto são, assim, uma contribuição relevante para a preparação em condições reais de plataformas de IA em operações de busca e salvamento, complementando o funcionamento de antigos grupos de busca e salvamento.

Figura 1.11. USV Roaz II

Em [121], é feito um levantamento das competições de robótica marinha. As competições, nomeadamente RoboSub, SAUC-E/euRathlon/ERL, SAUVC e RobotX, são revistas. Uma nova equipa robótica heterogénea USV-UAV para resposta automática a acidentes marítimos em massa é proposta em [122; p. 6105-6110]. A leitura aérea compensa a escassez de elevação de pessoal humano em terra, o que torna possível a busca e salvamento em áreas aquáticas distantes e, conjuntamente, aumentará a consciencialização do estado de coisas e a precisão da operação do veículo de salvamento. O sistema de perseguição é ajustável a ambientes totalmente diferentes, criando assim o sistema aplicável a uma boa variedade de situações do mundo real. O controlador permite que o USV navegue mecanicamente até ao local da vítima-alvo, libertando assim os operadores do tedioso dispositivo do mecanismo, permitindo-lhes concentrarem-se em necessidades adicionais imperativas ou ao nível da tarefa. O sistema foi efetivamente utilizado em quatro situações de salvamento. O sistema proposto alargará a cobertura de busca e salvamento a regiões distantes, anteriormente inacessíveis com a pura força humana. Mas em áreas de águas fechadas, onde cada automação e controlo manual são possíveis, queremos demonstrar que o sistema proposto é um substituto fiável do ser humano. É evidente que os operadores humanos também não podem simplesmente conduzir o EMILY durante uma linha excelente até às vítimas, mas o seu desempenho tem de ser quantificado e comparado com o sistema proposto.

A aplicação da USV na missão de resposta de emergência ao acidente de colisão e explosão do petroleiro "Sanchi" é descrita em [123].

Os algoritmos melhorados de gestão da navegação, um LARS automático melhorado e um sistema de amostragem especial de substituição permitiram que a USV fosse rapidamente implantada no espaço da missão e que a USV tivesse uma maior precisão de navegação e segurança de navegação durante a missão. Durante esta missão, o USV efectuou uma varredura e amostragem periódicas, que forneceram os dados necessários para determinar a localização exacta do navio naufragado, localizar o objetivo do derrame de petróleo, estimar a quantidade de petróleo derramado, salvar o navio naufragado e avaliar a poluição. As informações não só facilitaram muito o trabalho dos socorristas, como também forneceram uma base científica para os trabalhos de acompanhamento (recuperação ecológica, identificação do acidente, etc.). Em [124; p. 1-8], são delineados vários conceitos de pequenos sistemas aéreos/marinhos autónomos que apoiam e melhoram as missões da Guarda Costeira dos EUA. Os conceitos baseiam-se consideravelmente nos investimentos tecnológicos criados pela agência independente no domínio dos veículos aéreos não tripulados e dos sistemas robóticos/inteligentes. Estas ideias devem ser consideradas como componentes fictícios de um sistema de sistemas robóticos maior, ainda não definido, concebido para alterar a segurança marítima incomparável. Em [125], pensa-se num sistema cooperativo USV-UAV. Centra-se na aplicação de um cruzeiro sinérgico do sistema USV-UAV a sistemas de patrulha eletrónica e estabeleceu um modelo cooperativo e uma forma de avaliar a sua eficácia. Além disso, o sistema planeado é avaliado quantitativamente e verificado através de um exemplo numérico. Os veículos aéreos sem piloto e os veículos de superfície sem piloto são muito úteis na gestão dos oceanos e das zonas costeiras. O trabalho de análise [125] sobre cruzeiros cooperativos e a sua eficácia lançou as bases para um estudo mais aprofundado sobre a aplicação de sistemas USV-UAV em eventualidades de patrulha eletrónica.

Os métodos discutidos anteriormente, por exemplo, o redimensionamento e a compressão de imagens, e também a deteção humana em imagens, têm algumas limitações. A Figura 1.12 seguinte mostra a metodologia de investigação desenvolvida para clarificar o objetivo do trabalho de investigação e os seus resultados.

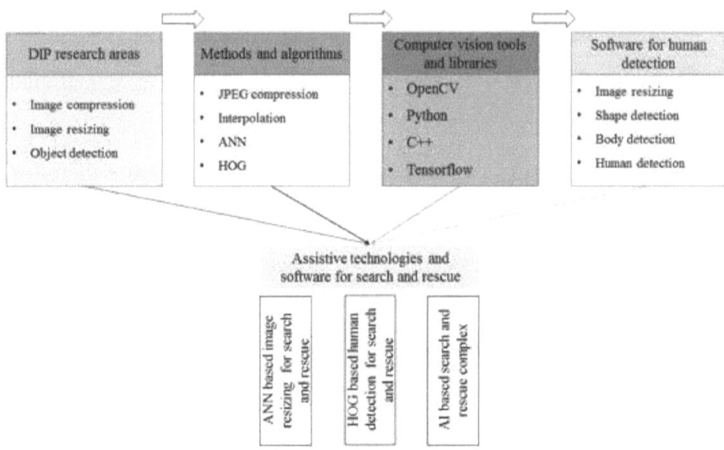

Figura 1.12. Metodologia do trabalho de investigação

Conclusão do primeiro capítulo

1. Os resultados da análise dos métodos de redimensionamento e compressão de imagens mostram claramente que os actuais métodos de compressão de imagens geram imagens comprimidas de baixa qualidade. Alguns outros métodos de compressão de imagens têm um tempo de computação dispendioso. A maioria das imagens capturadas tem uma resolução elevada e um elevado consumo de memória, o que afecta negativamente a transferência rápida de imagens. Para ultrapassar estes problemas, considerou-se necessário realizar investigação sobre métodos de redimensionamento e compressão de imagens que preservem a qualidade da imagem, minimizando o seu tamanho e a sua eficiência computacional.

2. São analisadas as investigações mais recentes sobre métodos de redimensionamento e compressão de imagens. Estes métodos concentram-se na compressão de imagens com e sem perdas. Convencionalmente, os métodos de compressão de imagens são utilizados para reduzir o tamanho da imagem. Quando se utilizam os métodos tradicionais de compressão de imagens, há muitas perdas nas imagens. Tornou-se claro que, para redimensionar imagens, é necessário desenvolver novos métodos utilizando novas abordagens, como algoritmos baseados em inteligência artificial.

3. São analisados os métodos e algoritmos de deteção de pessoas. Os seres humanos podem ser detectados utilizando uma variedade de sensores: Sensores de luz ambiente; Sensores de proximidade ultra-sónicos; Sensores de proximidade IR; Sensores de proximidade capacitivos; Sensores de tempo de voo; Detectores IR passivos; Sensores

visuais. É dada especial atenção aos métodos destinados a identificar uma pessoa utilizando uma câmara.

4. Os robots, complexos, sistemas e dispositivos de busca e salvamento utilizados em situações de emergência são discutidos e analisados. Os sistemas, complexos e robots de busca e salvamento (SAR) dividem-se em três categorias: Veículos terrestres não tripulados (UGV); veículos aéreos não tripulados (UAV); veículos de superfície não tripulados (USV).

CAPÍTULO II. CONCEPÇÃO DE MÉTODOS E ALGORITMOS DE DETECÇÃO HUMANA BASEADOS NA COMPRESSÃO DE IMAGENS PARA O COMPLEXO DE BUSCA E SALVAMENTO

Este capítulo apresenta o desenvolvimento de um método e de um algoritmo de deteção de pessoas baseado na compressão de imagens para o complexo de busca e salvamento. A conceção da compressão JPEG é ilustrada na Secção 2.1. A Secção 2.2 apresenta os métodos de redimensionamento de imagens na compressão de imagens. A Secção 2.3 apresenta o método do histograma de gradientes orientados (HOG) para a deteção de pessoas.

§2.1. Conceção do método de compressão JPEG

Esta secção explica a visão geral do método de compressão JPEG. Este método é composto por seis passos: 1) Conversão de RGB para YUV 2) Bloqueio 8x8 3) Transformada discreta de cosseno 4) Quantização 5) Zig-zagging, e 6) Codificação RLE e Huffman. A Figura 2.9 mostra as principais etapas do método de compressão JPEG. Como mostra a Figura 2.9, inicialmente uma imagem original é convertida de RGB para YUV (ver Figura 2.1). A componente Y representa a luminosidade de um pixel e as componentes U e V, juntamente com a tonalidade e a saturação. Esta parte é útil porque o olho humano consegue ver mais pormenores na componente Y do que nas outras.

Conversão de RGB para YUV

$$Y = 0{,}299R + 0{,}587G + 0{,}114B$$

$$U = 0{,}492\ (B-Y)$$

(2.1)

$$V = 0,877\ (R-Y)$$

Também pode ser representado como:

$$Y = 0,299R + 0,587G + 0,114B$$

$$U = -0,147R - 0,289G + 0,436B$$

(2.2) $V = 0,615R - 0,515G - 0,100B$

Em segundo lugar, a imagem convertida em YUV é dividida em blocos de 8x8 pixéis. Se os dados de um canal não representarem um número inteiro de blocos, o codificador deve preencher a área restante dos blocos incompletos com alguma forma de dados fictícios. Preencher as bordas com uma cor fixa (por exemplo, preto) pode criar artefactos de anelamento ao longo da parte visível da borda; repetir os pixels da borda é uma técnica comum
A repetição dos pixéis das margens é uma técnica comum que reduz (mas não elimina necessariamente por completo) esses artefactos, podendo também ser aplicadas técnicas de preenchimento de margens mais sofisticadas.

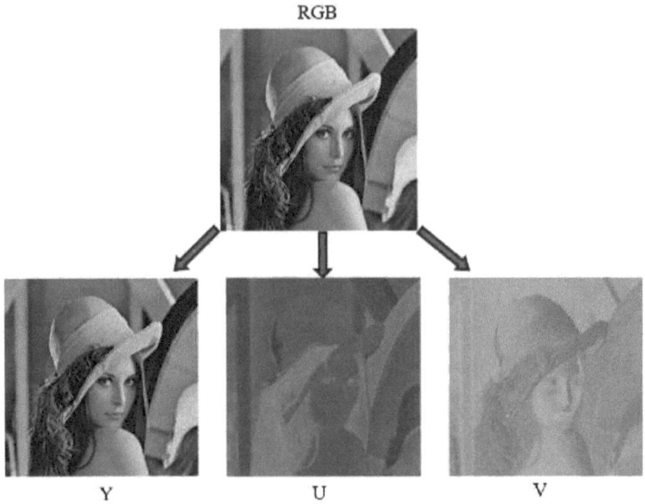

Figura 2.1. Conversão de RGB para YUV

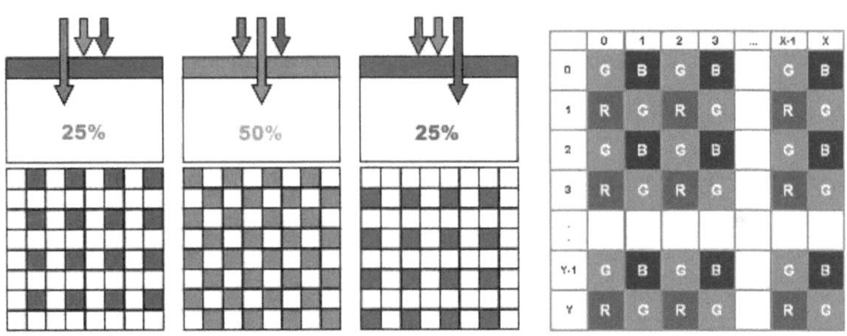

Figura 2.2. Princípio de funcionamento da codificação de cores YUV

Em terceiro lugar, cada bloco 8×8 de cada componente (Y, U, V) é convertido numa representação no domínio da frequência, utilizando uma transformada de cosseno discreta bidimensional normalizada de tipo II. Uma transformada discreta do cosseno (DCT) é expressa como uma sequência finita de pontos de informação em termos de um total de funções de função circulares que oscilam a frequências completamente diferentes. É uma técnica de transformação muito utilizada no processamento de sinais e na compressão de informação. A DCT, e em particular a DCT-II, é normalmente utilizada no processamento de sinais e imagens, em particular para compressão com perdas, devido à sua propriedade robusta de "compactação de energia": em aplicações típicas, a maior parte da informação do sinal tende a ser direcionada para alguns elementos de baixa frequência da DCT. Para processos Markoff poderosamente relacionados, a DCT aproximar-se-á da potência de compactação da reformulação de Karhunen-Loève.

Se uma dessas subimagens de 8x8 8 bits for:

$$\begin{bmatrix} 52 & 55 & 61 & 66 & 70 & 61 & 64 & 73 \\ 63 & 59 & 55 & 90 & 109 & 85 & 69 & 72 \\ 62 & 59 & 68 & 113 & 144 & 104 & 66 & 73 \\ 63 & 58 & 71 & 122 & 154 & 106 & 70 & 69 \\ 67 & 61 & 68 & 104 & 126 & 88 & 68 & 70 \\ 79 & 65 & 60 & 70 & 77 & 68 & 58 & 75 \\ 85 & 71 & 64 & 59 & 55 & 61 & 65 & 83 \\ 87 & 79 & 69 & 68 & 65 & 76 & 78 & 94 \end{bmatrix}$$

Figura 2.3. 8x8 8-bit

que é depois deslocado por 128 resulta em

$$\begin{bmatrix} -76 & -73 & -67 & -62 & -58 & -67 & -64 & -55 \\ -65 & -69 & -73 & -38 & -19 & -43 & -59 & -56 \\ -66 & -69 & -60 & -15 & 16 & -24 & -62 & -55 \\ -65 & -70 & -57 & -6 & 26 & -22 & -58 & -59 \\ -61 & -67 & -60 & -24 & -2 & -40 & -60 & -58 \\ -49 & -63 & -68 & -58 & -51 & -60 & -70 & -53 \\ -43 & -57 & -64 & -69 & -73 & -67 & -63 & -45 \\ -41 & -49 & -59 & -60 & -63 & -52 & -50 & -34 \end{bmatrix}$$

Figura 2.4. 8x8 8 bits deslocado por 128

e, em seguida, tomando a DCT e arredondando para o número inteiro mais próximo, obtém-se

$$\begin{bmatrix} -415 & -30 & -61 & 27 & 56 & -20 & -2 & 0 \\ 4 & -22 & -61 & 10 & 13 & -7 & -9 & 5 \\ -47 & 7 & 77 & -25 & -29 & 10 & 5 & -6 \\ -49 & 12 & 34 & -15 & -10 & 6 & 2 & 2 \\ 12 & -7 & -13 & -4 & -2 & 2 & -3 & 3 \\ -8 & 3 & 2 & -6 & -2 & 1 & 4 & 2 \\ -1 & 0 & 0 & -2 & -1 & -3 & 4 & -1 \\ 0 & 0 & -1 & -4 & -1 & 0 & 1 & 2 \end{bmatrix}$$

Figura 2.5. Os resultados do número inteiro mais próximo

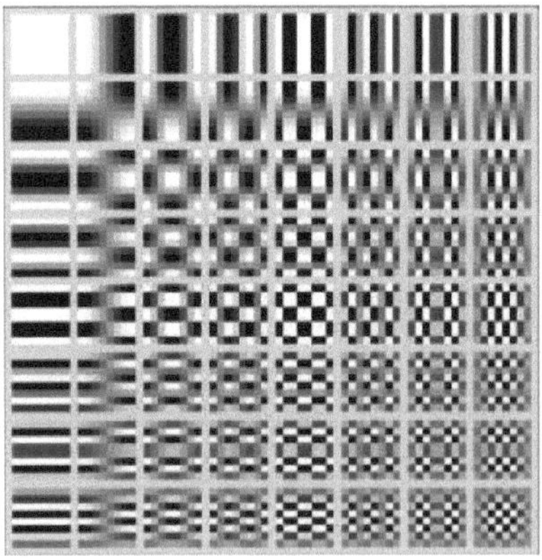

Figura 2.6. Funções de base 2-D DCT

Fórmula da transformada discreta de cosseno bidimensional de tipo II:

$$X_k = \sum_{n=0}^{N-1} x_n \cos\left[\frac{\pi}{N}\left(n+\frac{1}{2}\right)k\right] \qquad k = 0, \dots, N-1 \qquad (2.3)$$

A seguir, em quarto lugar, as amplitudes dos componentes de frequência são quantizadas. O olho humano é bastante sensível a ver pequenas variações de brilho num espaço relativamente grande, mas não é tão sensível a caraterizar a intensidade exacta de uma variação de brilho de alta frequência. Este facto permite reduzir significativamente a quantidade de dados nos elementos de alta frequência. Isto pode ser feito dividindo simplesmente cada parte no domínio da frequência por um valor implacável para essa parte e, em seguida, fazendo uma estimativa errada para o número inteiro mais próximo. Esta pode ser a operação com mais perdas em todo o método. Como resultado, acontece geralmente que muitos dos elementos de frequência superior são arredondados para zero, e muitos dos restantes tornam-se pequenos números positivos ou negativos.

$$\begin{bmatrix} 16 & 11 & 10 & 16 & 24 & 40 & 51 & 61 \\ 12 & 12 & 14 & 19 & 26 & 58 & 60 & 55 \\ 14 & 13 & 16 & 24 & 40 & 57 & 69 & 56 \\ 14 & 17 & 22 & 29 & 51 & 87 & 80 & 62 \\ 18 & 22 & 37 & 56 & 68 & 109 & 103 & 77 \\ 24 & 35 & 55 & 64 & 81 & 104 & 113 & 92 \\ 49 & 64 & 78 & 87 & 103 & 121 & 120 & 101 \\ 72 & 92 & 95 & 98 & 112 & 100 & 103 & 99 \end{bmatrix}$$

Figura 2.7. Uma matriz de quantização comum

$$\begin{bmatrix} -26 & -3 & -6 & 2 & 2 & -1 & 0 & 0 \\ 0 & -3 & -4 & 1 & 1 & 0 & 0 & 0 \\ -3 & 1 & 5 & -1 & -1 & 0 & 0 & 0 \\ -4 & 1 & 2 & -1 & 0 & 0 & 0 & 0 \\ 1 & 0 & 0 & 0 & 0 & 0 & 0 & 0 \\ 0 & 0 & 0 & 0 & 0 & 0 & 0 & 0 \\ 0 & 0 & 0 & 0 & 0 & 0 & 0 & 0 \\ 0 & 0 & 0 & 0 & 0 & 0 & 0 & 0 \end{bmatrix}$$

Figura 2.8. Matriz de quantização com a matriz de coeficientes DCT

Por exemplo, utilizando o coeficiente DC de - 415

$$\left\lfloor \frac{-415}{16} \right\rfloor = \lfloor -25.9375 \rfloor = -26$$

Após o processo de quantização, é necessário o processo de codificação. Este processo envolve a organização dos componentes da imagem numa ordem em "ziguezague" que agrupa frequências semelhantes, inserindo zeros de codificação de comprimento e, em seguida, utilizando a codificação de Huffman no que resta. Os dados resultantes de todos os blocos 8×8 são comprimidos com um algoritmo sem perdas, uma variante da codificação de Huffman.

A sequência em ziguezague para os coeficientes superiores aos quantais seria:

-26, -3, 0, -3, -2, -6, 2, -4, 1 -4, 1, 1, 5, 1, 2, -1, 1, -1, 2, 0, 0, 0, 0, 0, -1, -1, 0, 0, 0, 0, 0, 0, 0, 0, 0, 0, 0, 0, 0, 0, 0, 0, 0, 0, 0, 0, 0, 0, 0, 0, 0, 0, 0, 0, 0, 0, 0, 0, 0, 0, 0, 0, 0, 0

O JPEG possui uma palavra de código Huffman especial para terminar a sequência intempestivamente quando os restantes coeficientes são zero. Utilizando esta palavra de código especial, EOB, a sequência torna-se

-26, -3, 0, -3, -2, -6, 2, -4, 1 -4, 1, 1, 5, 1, 2, -1, 1, -1, 2, 0, 0, 0, 0, 0, 0, 0, -1, -1, 0, 0, 0, 0, 0, 0, -1, -1, EOB

A taxa de compressão resultante é frequentemente variada de acordo com a vontade, sendo muito ou pouco agressiva nos divisores utilizados na secção de quantização. A compressão de 10 para pelo menos uma imagem resulta, por vezes, numa imagem que não se distingue a olho nu da primeira.

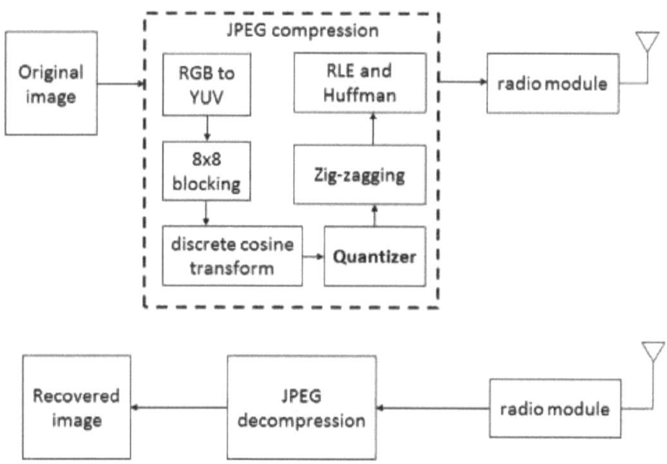

Figura 2.9. Estrutura do método de compressão JPEG

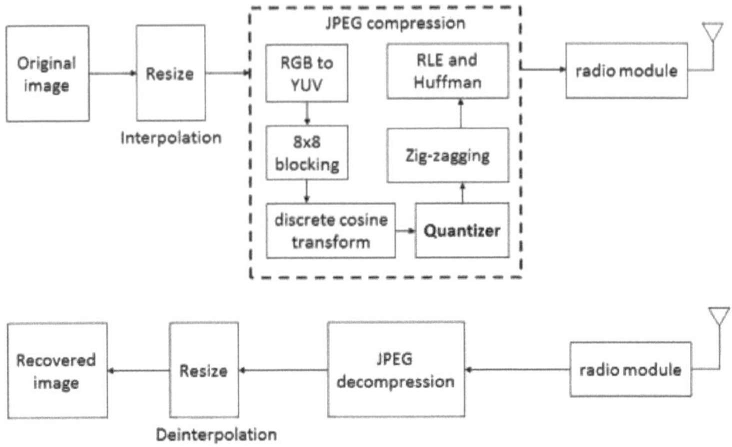

Figura 2.10. Estrutura do método de redimensionamento de imagens

A descodificação para mostrar a imagem consiste em fazer tudo o que está em cima em sentido inverso. Pegando na matriz de coeficientes DCT (depois de adicionar a diferença do coeficiente DC de volta), multiplicando-a pela matriz de quantização dos resultados acima, que se assemelha muito à matriz de coeficientes DCT original para a parte superior esquerda. Tomar a DCT inversa resulta numa imagem com valores (ainda deslocados para baixo por 128), depois disso, e adicionar 128 a cada entrada.

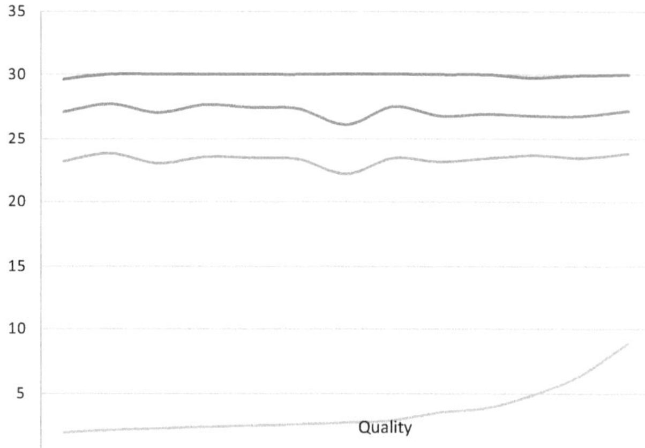

	30	35	40	45	50	55	60	65	70	75	80	85	90
FPS	29,7	30,02	30,02	30,02	30,02	30,01	30,05	30,04	30,01	30	29,8	29,95	30,00
Memory(MB)	27	27,62	26,95	27,56	27,35	27,25	26,03	27,43	26,71	26,85	26,7	26,69	27,09
CPU	23,13	23,75	22,97	23,47	23,4	23,29	22,16	23,38	23,1	23,38	23,6	23,4	23,74
Bitrate (Mbps/s)	1,91	2,11	2,23	2,35	2,46	2,57	2,7	2,88	3,49	3,84	4,86	6,34	8,85

Figura 2.11. Estudo sobre o efeito da qualidade na taxa de bits

De acordo com a figura acima, o eixo x representa a qualidade e o eixo y representa FPS, memória, CPU, taxa de bits. O eixo x é numerado de 30 a 90 e o eixo y é numerado de 0 a 35. Os quatro parâmetros estudados foram descritos na figura 3 com as seguintes cores: azul para FPS; castanho para memória; cinzento para CPU; e amarelo para taxa de bits. Quando o nível de qualidade foi 30, o FPS apresentou 29,7, o uso de memória (RAM) 27 MB, o uso de CPU 23,13%, e o bitrate 1,91 Mbps. Quando o nível de qualidade foi de 60, o FPS foi de 30,05, o uso de memória (RAM) foi de 26,03 MB, o uso de CPU foi de 22,16% e a taxa de bits foi de 2,7 Mbps. Quando o nível de qualidade foi de 90, o FPS 30 mostrou que o uso da memória (RAM) foi de 27,09 MB, o uso da CPU foi de 23,74% e a taxa de bits foi de 8,85 Mbps. Assim, verifica-se que quanto maior a qualidade, maior a taxa de bits, de acordo com os quatro parâmetros estudados na dependência da qualidade em relação à taxa de bits.

§2.2. Análise dos métodos de interpolação

Nesta secção, são discutidos e comparados vários tipos de métodos de interpolação utilizados na compressão de imagens. Os métodos de interpolação do vizinho mais próximo, bicúbico, bilinear e de área são analisados e é escolhido o mais eficaz (para baixa taxa de bits). A interpolação de imagens ocorre quando uma imagem é redimensionada ou distorcida de uma grelha de píxeis para outra. O escalonamento de imagens refere-se ao redimensionamento de uma imagem digital. Na tecnologia de vídeo, a ampliação de material digital é designada por "upscaling" ou "sweetening" de resolução. Ao escalar uma imagem gráfica vetorial, as primitivas gráficas que estruturam a imagem serão transformadas geometricamente à escala, sem perda de qualidade da imagem. Ao escalar uma imagem gráfica de formação, deve ser gerada uma imagem de substituição com uma melhor ou menor variedade de pixéis. No caso de diminuir a variedade de pixéis (redução de escala), isto resulta normalmente numa clara perda de qualidade. Do ponto de vista do processo de sinal digital, o escalonamento de gráficos de formação pode ser um exemplo bidimensional de conversão de taxa de amostragem, a conversão de um sinal separado de uma taxa (neste caso, a taxa de amostragem nativa) para uma taxa diferente. O redimensionamento da imagem é necessário quando é necessário aumentar ou diminuir o número total de pixéis, enquanto o remapeamento pode ocorrer quando é necessário corrigir a distorção da lente ou rodar uma imagem.

Vizinho mais próximo. Este método é o mais simples dos métodos de interpolação e é o que requer menos tempo de processamento. No método do vizinho mais próximo, é selecionado o valor do pixel mais próximo através do arredondamento das coordenadas do ponto de interpolação pretendido. Utilizando este método, é possível encontrar o pixel correspondente mais próximo na imagem de origem (original) para cada pixel na imagem de destino. Os novos pixéis são iguais aos outros mais próximos. Os pixels ou pontos de cor são duplicados para criar novos pixels à medida que a imagem cresce. Cria pixilação ou arestas que quebram as curvas em degraus ou arestas dentadas. Esta forma de método de interpolação sofre de efeitos normalmente inaceitáveis tanto para a ampliação como para a redução de imagens.

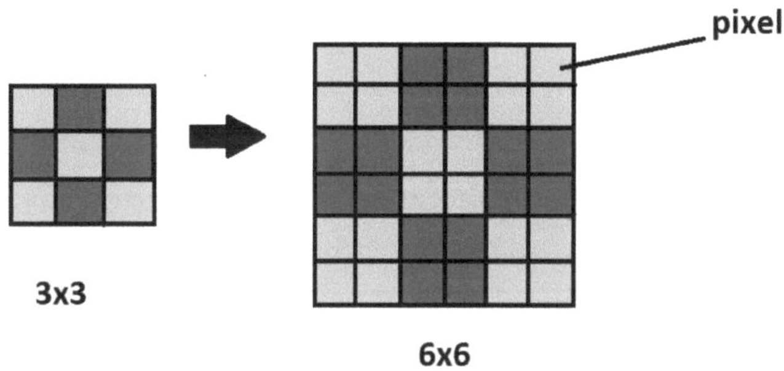

Figura 2.12. Exemplo do método de interpolação do vizinho mais próximo

Interpolação bilinear. É utilizada a interpolação bilinear para reamostragem de imagens e texturas. Este método é utilizado para mapear a localização de um pixel do ecrã para um ponto correspondente no mapa de textura. É calculada uma média ponderada dos atributos dos quatro texels circundantes e aplicada ao pixel do ecrã. O processo é repetido para cada pixel que forma o objeto a ser texturado. Quando é necessário aumentar a escala de uma imagem, cada pixel da imagem inicial deve ser movido numa direção determinada, suportada pela constante de tamanho. No entanto, quando se aumenta a escala de uma imagem por um multiplicador não-integral, existem pixéis quadrados (ou seja, buracos) aos quais não são atribuídos valores de elemento aceitáveis. Neste caso, é necessário atribuir a esses buracos valores RGB ou de escala de cinzentos aceitáveis, para que a imagem de saída não tenha pixels sem valor. A interpolação bilinear é utilizada sempre que não é possível uma transformação excelente da imagem com correspondência de elementos de imagem, de modo a calcular e atribuir valores de intensidade aplicáveis aos pixels. Ao contrário de técnicas de interpolação alternativas, como a interpolação do vizinho mais próximo e a interpolação bicúbica, a interpolação linear utiliza apenas os valores dos quatro pixels mais próximos, estabelecidos em direcções diagonais a partir de um determinado elemento de imagem, de modo a procurar os valores de intensidade de cor adequados desse elemento de imagem.

Fórmula de interpolação bilinear:

$$f(x, y_1) \approx \frac{x_2 - x}{x_2 - x_1} f(Q_{11}) + \frac{x - x_1}{x_2 - x_1} f(Q_{21}), \tag{2.4}$$

$$f(x, y_2) \approx \frac{x_2 - x}{x_2 - x_1} f(Q_{12}) + \frac{x - x_1}{x_2 - x_1} f(Q_{22}). \tag{2.5}$$

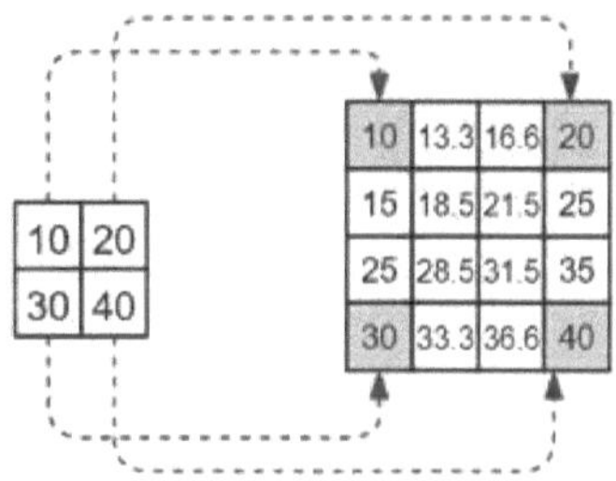

Figura 2.13. Exemplo do método de interpolação bilinear

Interpolação bicúbica. Este método é normalmente escolhido em vez da interpolação bilinear ou da interpolação do vizinho mais próximo na reamostragem de imagens, uma vez que a velocidade não é um problema. Ao contrário da interpolação linear, que apenas tem em consideração quatro pixéis (2×2), a interpolação bicúbica tem em consideração dezasseis pixéis (4×4). As imagens reamostradas com a interpolação bicúbica são mais potentes e têm menos artefactos de interpolação. A interpolação bicúbica vai um passo além da linear, considerando a vizinhança 4x4 mais próxima de pixéis famosos para um total de dezasseis pixéis. Uma vez que estes se encontram a distâncias variadas do pixel desconhecido, os pixéis mais próximos recebem o coeficiente seguinte no cálculo. O valor de intensidade atribuído ao ponto (x,y) é obtido utilizando a equação,

$$p(x,y)=\sum_{i=0}^{3}\sum_{j=0}^{3} a_{ij}\, x^{i}\, x^{j} \qquad (2.6)$$

onde os dezasseis coeficientes são determinados a partir das dezasseis equações em dezasseis incógnitas que podem ser escritas utilizando os dezasseis vizinhos mais próximos do ponto (x,y).

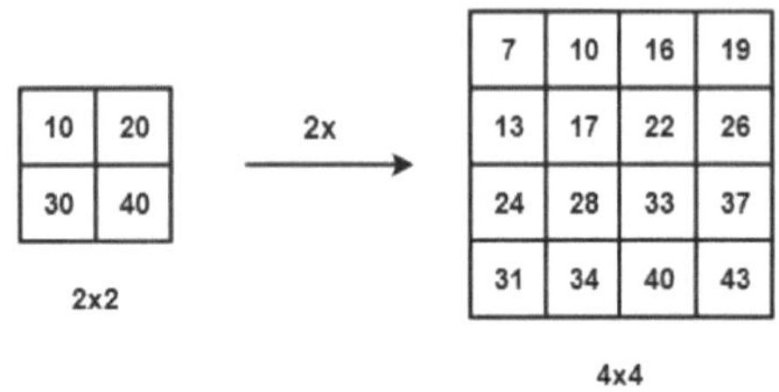

Figura 2.14. Exemplo do método de interpolação bicúbica

Foi efectuado um estudo comparativo dos métodos acima referidos. Os resultados do estudo podem ser vistos nas figuras abaixo.

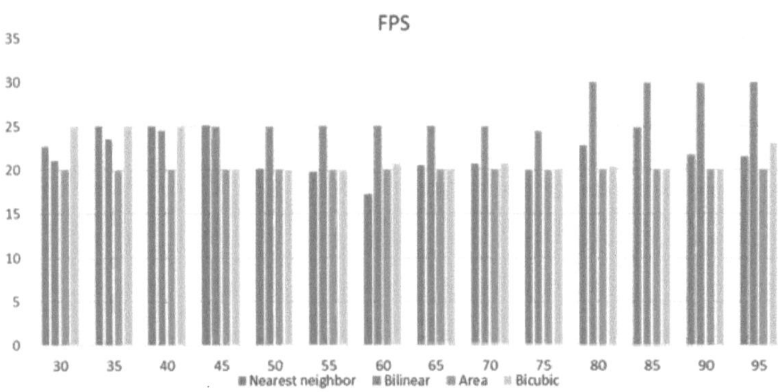

Figura 2.15. Comparação dos métodos através do FPS e da qualidade

Como se pode ver na Figura 2.7 acima, o eixo dos x representa a qualidade e o eixo dos y representa os FPS. O eixo x é numerado de 30 a 95 e o eixo y é numerado de 0 a 35. Os quatro métodos estudados foram descritos na figura com as seguintes cores: azul para o método do vizinho mais próximo; castanho para o método bilinear; cinzento para o método da área; e amarelo para o método bicúbico. Verifica-se que o FPS pode ir até 25 quando o nível de qualidade é 30. Isto significa que o método

Bicúbico é superior aos outros tres metodos a este nível de qualidade.

Quando o nível de qualidade foi aumentado para 35 e 40, os resultados do método do vizinho mais próximo e do método bicúbico mostraram que eram melhores do que os outros dois métodos e podiam atingir 25 FPS. Quando os níveis de qualidade são 50 e 55, os resultados obtidos pelo método do vizinho mais próximo, o método da área e o método bicúbico podem atingir quase o mesmo valor, ou seja, 20 FPS, e o resultado obtido pelo método bilinear é relativamente superior e pode atingir 25 FPS. Quando o nível de qualidade variava entre 60 e 95, os resultados obtidos com o método Bilinear mostraram ser muito superiores aos dos outros três métodos, podendo atingir 30 FPS. Assim, o método Bilinear revelou-se o melhor entre os métodos estudados em relação à qualidade FPS.

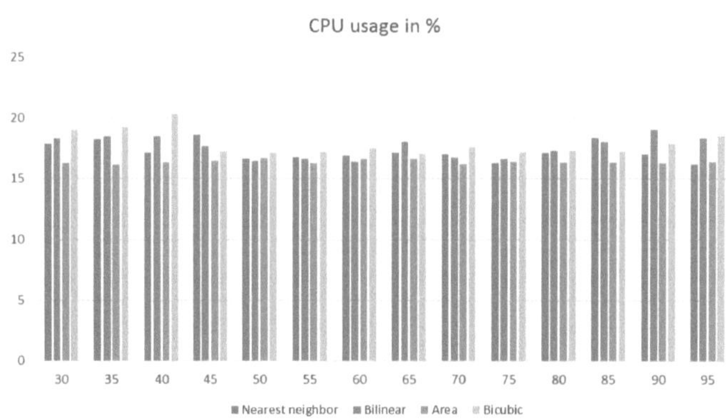

Figura 2.16. Comparação dos métodos através da utilização da CPU e da qualidade

Como pode ser visto na Figura 2.8 acima, o eixo x representa a

qualidade e o eixo y representa o uso da CPU. O eixo x é numerado de 30 a 95 e o eixo
O eixo x é numerado de 30 a 95 e o eixo y é numerado de 0 a 25 e expresso em percentagem. Os quatro métodos estudados foram descritos na figura 2.8 com as seguintes cores: azul para o método do vizinho mais próximo; castanho para o método bilinear; cinzento para o método da área; e amarelo para o método bicúbico. Quando o nível de qualidade foi 30, os resultados obtidos pelo método Bilinear utilizaram quase 18% da CPU, enquanto o menor valor, ou seja, quase 16% da CPU, correspondeu aos resultados obtidos com base no método Area. O método Area, mesmo quando o nível de qualidade é aumentado para 35 e 40, foi o que menos utilizou a CPU, enquanto que o método Bicubic, pelo contrário, voltou a apresentar o maior consumo de CPU, superior a 20%. Quando o nível de qualidade foi de 45, o método do vizinho mais próximo teve a maior utilização de CPU, quase 19%, enquanto os resultados baseados no método da área tiveram a menor utilização de CPU, quase 17%. Quando o nível de qualidade se situava entre 50 e 95, os resultados obtidos com base no método Bicúbico, que é relativamente mais elevado, exigiam uma maior utilização da CPU, enquanto os resultados obtidos com base no método da Área exigiam, na maioria dos casos, uma menor utilização da CPU. Assim, o método da Área revelou-se o melhor e o método Bicúbico o pior dos métodos estudados em relação à qualidade do uso da CPU.

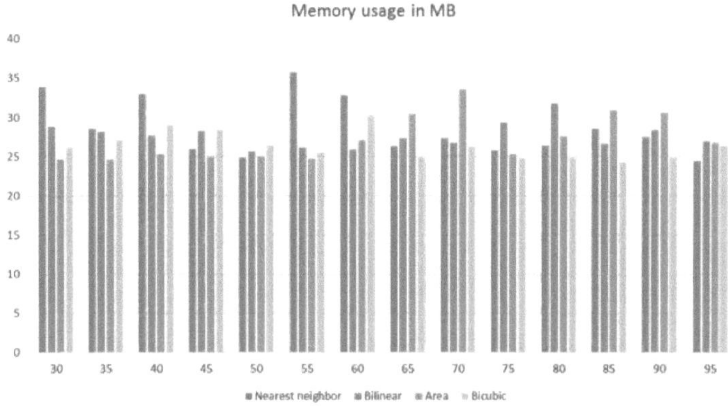

Figura 2.17. Comparação dos métodos em termos de utilização e qualidade da RAM

De acordo com a figura acima, o eixo x representa a qualidade e o eixo y representa a utilização de memória, ou seja, a utilização de RAM. O eixo dos x é numerado de 30 a 95 e o eixo dos y é numerado de 0 a 40 e expresso em MB. Os quatro métodos estudados foram descritos na figura 2.8 com as seguintes cores: azul para o método do vizinho mais próximo; castanho para o método bilinear; cinzento para o método da área; e amarelo para o método bicúbico. Quando o nível de qualidade era 30, os resultados obtidos pelo método do vizinho mais próximo ocupavam quase 34 MB de RAM, perto de 29 MB de acordo com o método Bilinear, perto de 26 MB de acordo com o método Bicúbico, e quase o mínimo. A utilização de 25 MB de RAM foi baseada no método Area. Mesmo quando o nível de qualidade é aumentado para 35 e 40, o método do vizinho mais próximo tem a maior utilização de RAM e o método da área obteve a menor utilização de RAM. Quando os níveis de qualidade foram 45 e 50, os resultados do método Bicúbico obtiveram a maior utilização de RAM e os do método da Área a menor utilização de RAM. Quando o nível de qualidade foi de 55, os resultados obtidos pelo método Nearest foram significativamente maiores do que os restantes métodos, com quase 36 MB de utilização de RAM, enquanto os restantes ficaram perto dos 26 MB no método Bilinear, um pouco mais de 25 MB no método Bicubic e o valor mais baixo, perto dos 25 MB, no método Area. Quando o nível de qualidade é 60, os resultados obtidos pelo método Nearest são os que ocupam mais espaço na RAM, perto de 33 MB, e o mais baixo é o método Bilinear, com pouco mais de 25 MB. Quando o nível de qualidade é de 65, o método Area é o que ocupa mais memória RAM, 30 MB, e o método Bicubic é o que ocupa menos 25 MB. Quando o nível de qualidade era de 70, o método de Área era novamente o método que ocupava mais RAM e o método Bicúbico era o que ocupava menos espaço. Quando os níveis de qualidade eram 75 e 80, o método Bilinear era o método que ocupava mais RAM e o Bicúbico era o método que ocupava menos espaço. Quando os níveis de qualidade eram 85 e 90, o método Area era o método que ocupava mais RAM e o método Bicubic era o que ocupava menos espaço. Quando o nível de qualidade era de 95, o método Bilinear ocupava o maior espaço da RAM e o método do vizinho mais próximo ocupava o menor espaço. Assim, o método da Área revelou-se o melhor e o método do Vizinho mais próximo o pior entre os métodos estudados em relação à qualidade da utilização da RAM.

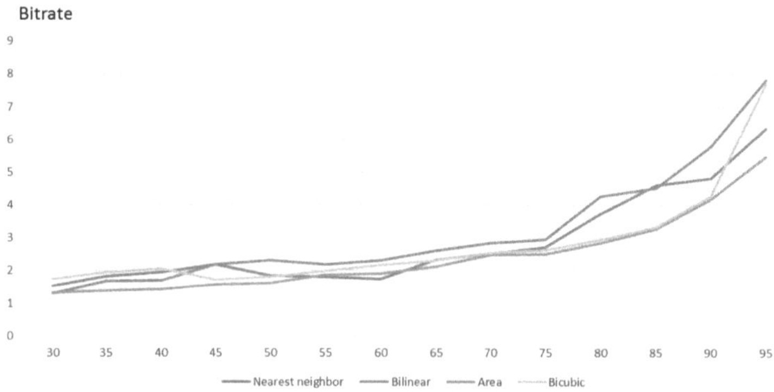

Figura 2.18. Comparação dos métodos através da taxa de bits e da qualidade

De acordo com a Figura 2.18 acima, o eixo x representa a qualidade e o eixo y representa a taxa de bits. O eixo dos x é numerado de 30 a 95 e o eixo dos y é numerado de 0 a 9 e expresso em bps. Os quatro métodos estudados foram descritos na figura 2.8 com as seguintes cores: azul para o método do vizinho mais próximo; castanho para o método bilinear; cinzento para o método da área; e amarelo para o método bicúbico.

Quando o nível de qualidade foi 30, os resultados obtidos pelo método Bilinear e Area atingiram a mesma taxa de bits, sendo esta a taxa de bits mais baixa. A taxa de bits mais elevada foi observada no método Bicúbico. Mesmo quando os níveis de qualidade foram aumentados para 35 e 40, a taxa de bits mais elevada do método Bicúbico e a taxa de bits mais baixa do método da Área foram atingidas.

Quando o nível de qualidade era de 45, o método do vizinho mais próximo e o método bilinear atingiam a mesma taxa de bits e a mais elevada, respetivamente, enquanto a taxa de bits mais baixa correspondia ao método da área.

Quando o nível de qualidade foi de 50, os resultados obtidos pelo método Bilinear atingiram a taxa de bits mais elevada, enquanto a taxa de bits mais baixa correspondeu novamente ao método Area.

Quando o nível de qualidade foi de 55, os resultados obtidos pelo método Bilinear atingiram a taxa de bits mais elevada, enquanto a taxa de bits mais baixa correspondeu ao método do vizinho mais próximo.

Quando o nível de qualidade foi de 60, os resultados obtidos pelo método bilinear atingiram novamente a taxa de bits mais elevada, enquanto a taxa de bits mais baixa correspondeu novamente ao método do vizinho mais próximo.

Quadro 2.1

Uma comparação empírica dos métodos de interpolação existentes

Nome	MSE	SSIM	T (micros)
Original vs. Original	0	1	0
Original vs. INTER_NEAREST	96.21	0.845	1069
Original vs. INTER_LINEAR	34.56	0.912	12735
Original vs. INTER_AREA	45.50	0.910	12696
Original vs. INTER_CUBIC	20.99	0.934	4779
Original vs. INTER_LANCZOS4	23.94	0.922	17926

Quando o nível de qualidade foi de 65, os resultados obtidos pelo método Bilinear atingiram a taxa de bits mais elevada, enquanto a taxa de bits mais baixa correspondeu novamente ao método Area.

Quando o nível de qualidade variou entre 70 e 95, os resultados obtidos pelo método Bilinear atingiram a taxa de bits mais elevada, enquanto a taxa de bits mais baixa correspondeu novamente ao método Area. Assim, o método Bilinear revelou-se o melhor e o método da Área o pior dos quatro métodos estudados em termos de dependência da qualidade da taxa de bits.

A tabela acima (ver tabela 2.1) fornece uma análise comparativa dos métodos de interpolação disponíveis. Como se pode ver na tabela, foram analisados os métodos do vizinho mais próximo, linear, de área, cúbico e Lanczos4 dos métodos de interpolação.

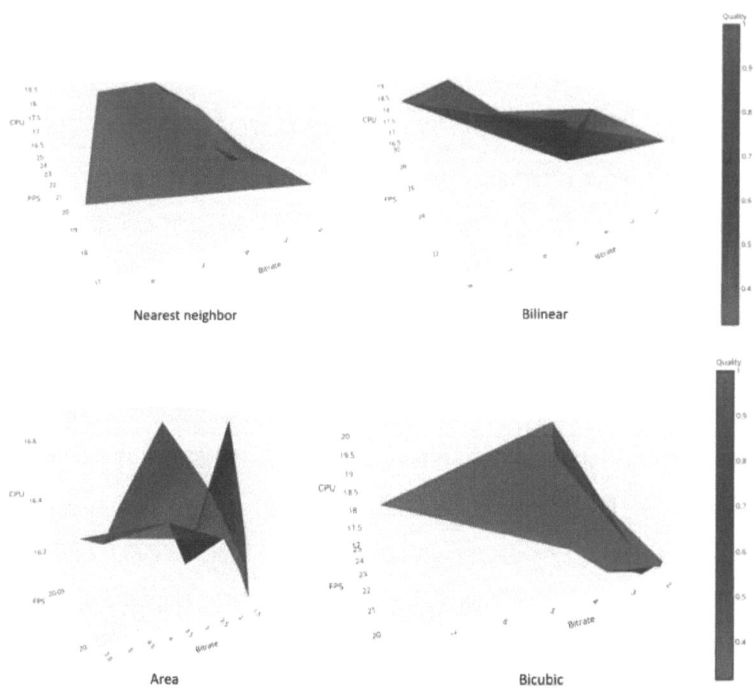

Figura 2.19. Comparação dos métodos através da taxa de bits e da qualidade

A análise foi efectuada com base em vários parâmetros. O primeiro parâmetro é o erro quadrático (MSE). A taxa de erro pode ser avaliada através do MSE. De acordo com a comparação original do MSE, o método do vizinho mais próximo foi de 96,21, o método linear de 34,56, o método da área de 45,50, o método cúbico de 20,99 e o método de Lanczos4 de 23,94. Os resultados próximos de 0 na avaliação do MSE são considerados melhores. Isto significa que o método cúbico de avaliação do MSE é melhor do que os outros. O segundo parâmetro é a medida do índice de semelhança estrutural (SSIM). Comparando o original com o SSIM, o método do vizinho mais próximo registou 0,845, o método Linear 0,912, o método da Área 0,910, o método Cúbico 0,934 e o Lanczos4 0,922. Os resultados próximos de 1 na avaliação SSIM são considerados melhores. Isto significa que o método cúbico de avaliação do SSIM é melhor do que os outros. O terceiro parâmetro é o tempo (T). Medido em micros. De acordo com os resultados da comparação original ao longo do tempo, foram registados 1069 resultados para o método do vizinho mais próximo, 12735 para o método linear, 12696 para o método da área, 4779 para o método cúbico e 17926 para o método Lanczos4. A partir dos resultados da comparação ao longo do tempo, pode verificar-se que o método do vizinho mais próximo é melhor do que os outros.

A figura 2.19 mostra o gráfico de dependência de CPU, FPS, taxa de bits e qualidade dos métodos comparativamente comparados. A taxa de aumento da qualidade é descrita como variando de vermelho para verde. Em comparação, o método Bilinear revelou-se o melhor destes quatro métodos.

§2.3. Conceber um método de deteção humana baseado no redimensionamento da imagem

Esta secção explica a visão geral do método de deteção humana concebido. Há uma série de descritores de caraterísticas para a deteção de objectos/humanos. Alguns dos mais populares são enumerados a seguir:

1) Transformada de caraterística invariante de escala (SIFT);
2) Caraterística robusta acelerada (SURF);
3) Histograma de Gradientes Orientados (HOG).

Transformada de caraterísticas invariantes à escala (SIFT). Trata-se de um algoritmo de deteção de caraterísticas utilizado no domínio da visão por computador para detetar e descrever caraterísticas locais em imagens. O reconhecimento de objectos, o mapeamento e a navegação robótica, a costura de imagens, a modelação 3D, o reconhecimento de gestos, o seguimento de vídeos, a identificação individual de animais selvagens e a movimentação de fósforos são aplicações da SIFT. Os pontos-chave SIFT dos objectos são primeiro extraídos de um grupo de imagens de referência e conservam uma grande quantidade de informação. Um objeto é reconhecido numa imagem muito nova, comparando várias vezes todas as caraterísticas da nova imagem com a informação atual e encontrando opções de correspondência candidatas que suportem a distância euclidiana dos seus vectores de caraterísticas. Do conjunto total de correspondências, os subconjuntos de pontos-chave que concordam com o artigo e a sua localização, escala e orientação dentro da nova imagem são conhecidos por separar as correspondências sensatas. A determinação de clusters consistentes é realizada por meio da implementação de uma tabela de hash económica de grau associado do trabalho de Hough generalizado. Cada cluster de três ou mais opções que concordam com um objeto e a sua criação é então sujeito a qualquer verificação de modelo elaborada e, mais tarde, os outliers são descartados. Por fim, é calculada a probabilidade de um conjunto específico de opções indicar a presença de um objeto de grau de associado, tendo em conta a precisão do trabalho e a variedade de falsas correspondências prováveis. As correspondências de objectos que passam nestes testes são consideradas corretas com elevada confiança.

Caraterística robusta acelerada (SURF). O SIFT é um detetor e descritor de caraterísticas locais patenteado. É utilizado para realizar tarefas de reconhecimento de objectos, registo de imagens, classificação ou reconstrução 3D. Este descritor de caraterísticas é parcialmente inspirado na transformada de caraterísticas invariantes à escala (SIFT). A versão standard do SURF é várias vezes mais rápida do que a SIFT e afirma-se que é mais robusta do que esta contra diferentes transformações da imagem. Para observar os pontos de interesse, a SURF utiliza uma aproximação inteira do determinante do detetor de manchas Hessiano, que pode ser calculado com três operações numéricas utilizando uma imagem integral pré-computada. O seu descritor de caraterísticas baseia-se na adição da resposta da crista móvel Haar em torno do objetivo de interesse. Estes também podem ser calculados com a ajuda da imagem integral.

Histograma de Gradientes Orientados (HOG). Neste trabalho de investigação, o HOG é utilizado para a deteção de seres humanos. Trata-se de um dos descritores de caraterísticas utilizados no domínio da visão por computador e do processamento de imagens com o objetivo de detetar objectos e pessoas. O importante por detrás do histograma que descreve os gradientes direcionais é que o aspeto e a forma locais da imagem podem ser caracterizados por gradientes de intensidade ou pela distribuição das direcções dos bordos. A imagem é dividida em pequenas regiões ligadas, denominadas células, e é criado um histograma de direcções de gradiente para os pixels dentro de cada célula. Um descritor é uma combinação de histogramas. Para uma maior clareza, os histogramas locais podem ser normalizados em termos de contraste, o que é designado por um bloco de medição de intensidade numa grande parte da imagem e, em seguida, normaliza todas as células dentro do bloco utilizando este valor. Esta normalização resulta numa boa alteração da luz e da sombra.

O descritor HOG tem várias vantagens importantes em relação a outros descritores. Uma vez que funciona em células locais, a direção do objeto não se altera com as mudanças geométricas e fotométricas, exceto. Essas alterações ocorrem apenas em regiões mais amplas. Além disso, como Dalal e Triggs descobriram, a amostragem espacial aproximada, a amostragem da orientação e a forte normalização fotométrica local permitem que os peões ignorem os seus movimentos individuais, mantendo uma posição quase vertical. Assim, o identificador HOG é muito adequado para identificar uma pessoa em imagens [126].

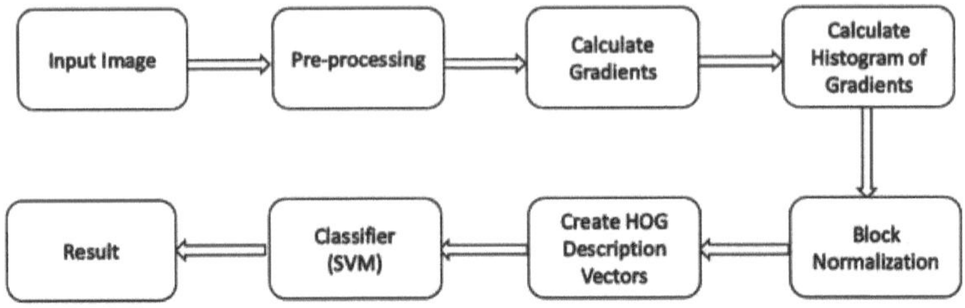

Figura 2.20. Etapas do Histograma de Gradientes Orientados

São contadas as ocorrências de orientação do gradiente em partes localizadas de uma imagem no método HOG. O método tem semelhanças com os descritores de transformação de caraterísticas invariantes à escala, histogramas de orientação de arestas e contextos de forma, mas difere na medida em que é calculado numa grelha densa de células uniformemente espaçadas e utiliza a normalização do contraste local sobreposto para melhorar a precisão. Este método consiste em seis passos: 1) Pré-processamento 2) Cálculo de Gradientes 3) Cálculo do Histograma de Gradientes 4) Normalização de Blocos 5) Criação de Vectores de Descrição HOG, e 6) Classificador (SVM). A Figura 2.20 mostra as principais etapas do método de deteção humana. Como mostra a Figura 2.20, a imagem de entrada é obtida primeiro. De seguida, é efectuado o processo de pré-processamento

Pré-processamento. Os seguintes trabalhos ocorrem durante o processo de pré-processamento: redimensionamento da imagem e normalização da cor. No passo de pré-processamento, os dados (imagem) são pré-processados e reduzem o rácio largura/altura para 1:2, 1:4. O tamanho da imagem deve ser preferencialmente de 64 x 128, 256 x 512 pixéis. O passo de pré-processamento aplica uma equalização de normalização global opcional da imagem, concebida para reduzir a influência dos efeitos de iluminação. Em seguida, é utilizada a compressão gama (lei da potência), calculando a raiz ou o log de cada canal de cor. A força da textura da imagem é normalmente proporcional à iluminação da superfície nativa, pelo que esta compressão ajuda a reduzir os resultados das sombras nativas e das variações de iluminação.

Cálculo de gradientes. Neste passo, são calculados os gradientes de primeira ordem da imagem. Estas informações de gradientes, ao mesmo tempo que fornecem mais resistência às variações de iluminação. O canal de cor localmente dominante é, em grande medida, dotado de invariância de cor. Os métodos variantes podem também incluir derivados de imagem de segunda ordem, que actuam como detectores de barras primitivos - uma caraterística útil para a captação.

	110	
80	Q	130
	60	

Figura 2.21. Um exemplo do valor Q do pixel selecionado

A magnitude do gradiente para Q na direção x e y é calculada da seguinte forma

$$G_x\text{=110-60=50} \tag{2.7}$$

$$G_y\text{=130-80=50} \tag{2.8}$$

Utilizando os resultados acima, obter a magnitude do gradiente como:

$$G=\sqrt{(G_x)^2+(G_y)^2}=70.7 \tag{2.9}$$

A direção do gradiente é determinada utilizando a seguinte equação:

$$\theta=\arctan\left(\frac{G_y}{G_x}\right)=45° \tag{2.10}$$

Cálculo do histograma de gradientes. Este passo produz na codificação enquanto permanece à prova de pequenas mudanças na criação ou aparência. A técnica adoptada agrupa as informações de orientação dos gradientes regionalmente dentro dos mesmos meios devido à caraterística SIFT [127]. A janela da imagem é dividida em pequenas regiões espaciais, "células". Para cada célula, é acumulado um gráfico de barras 1-D de vizinhança de orientações de gradiente ou de aresta sobre todos os pixels dentro da célula. Este gráfico de barras 1-D combinado ao nível da célula constitui a ilustração fundamental do "histograma de orientação". Cada gráfico de barras de orientação divide a variação do ângulo de gradiente num conjunto de caixas planeadas.

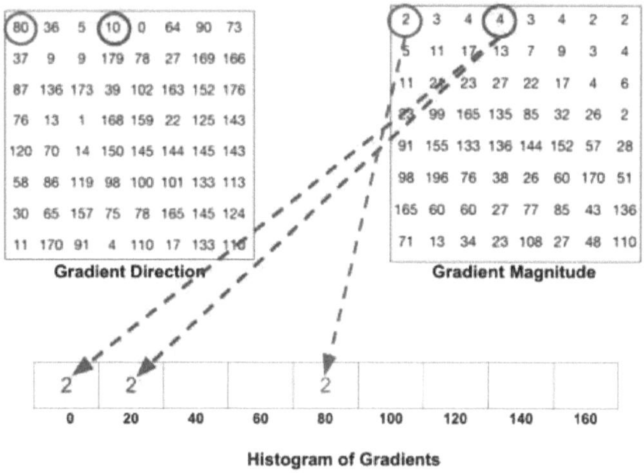

Figura 2.22. Um exemplo de cálculo do histograma de gradientes

As magnitudes de gradiente dos pixéis dentro da área da célula são votadas no gráfico de barras de orientação. No passo Calculating Histogram of Gradients (Calcular Histograma de Gradientes), são efectuados os seguintes processos:

1) A imagem é dividida em blocos de células 8×8 e é calculado um histograma de gradientes para cada bloco de células 8×8;

2) O histograma é essencialmente um vetor de 9 intervalos (números) correspondentes a ângulos de 0 a 180 graus (incrementos de 20 graus);

3) Os valores destas 64 células (8x8) são agrupados e adicionados cumulativamente a estes 9 intervalos;

4) Isto reduz essencialmente 64 valores a 9 valores.

De acordo com a figura 2.22, o píxel marcado a azul na imagem tem um ângulo de 80 graus e uma magnitude de 2. Assim, esse píxel adiciona 2 ao 5º compartimento. O gradiente no píxel marcado a vermelho tem um ângulo de 10 graus e uma magnitude de 4. Como 10 graus está a meio caminho entre 0 e 20, o voto do píxel divide-se uniformemente nos dois compartimentos.

Normalização de bloco. Após a etapa de Cálculo do Histograma de Gradientes, é realizada a etapa de Normalização de Blocos. Neste passo, é calculada a normalização, que pega em equipas nativas de células e normaliza as suas respostas globais antes de passar para passos consecutivos. A normalização introduz maior inalterabilidade à iluminação, sombreamento e distinção de bordas. É efectuada através da acumulação de uma "energia" viva do gráfico de barras nativo sobre grupos locais de células que tendem a decidir "blocos". Os resultados habituados normalizam cada célula dentro do bloco. Normalmente, cada célula individual é partilhada entre muitos blocos, no entanto, as suas normalizações são dependentes do bloco e, portanto, totalmente diferentes. A célula aparece assim várias vezes no vetor de saída final com normalizações totalmente diferentes. Isto pode parecer redundante mas melhora o desempenho. É notado que os descritores de bloco normalizados são um gráfico de barras de descritores de Gradiente (HOG).

Existem quatro métodos diferentes para a normalização de blocos. Se deixar v seja o vetor não normalizado que contém todos os histogramas num determinado bloco, v k seja a sua norma k para k=1, 2 e e seja uma pequena constante (por exemplo, o valor exato).

Então, o fator de normalização pode ser um dos seguintes:

Norma L2: $$f=\frac{v}{\sqrt{(\|v\|)_2^2+e^2}}$$

(2.11)

L2-hys: Norma L2 seguida de recorte (limitando os valores máximos de v a 0,2) e renormalização

Norma L1: $$f=\frac{v}{(\|v\|1+e)}$$

(2.12)

L1-sqrt: $$f=\sqrt{\frac{v}{(\|v\|1+e)}}$$

(2.13)

Criação de vectores de descrição HOG. Nesta etapa, são recolhidos os descritores HOG de todos os blocos de uma grelha densa e sobreposta de blocos que cobrem a janela de deteção num vetor de caraterísticas combinado para utilização no classificador de janelas:

a) b)

Figura 2.23. a) Imagem de entrada b) Forma HOG da imagem de entrada

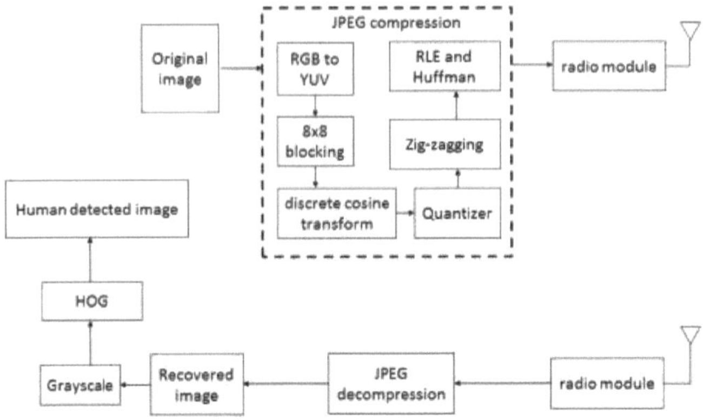

Figura 2.24. O método de deteção humana baseado no HOG

Para calcular o vetor de caraterísticas final de todo o fragmento de imagem, os vectores 36 × 1 são ligados a um único vetor gigante. Assim, se houver 64 × 64 imagens de entrada, então o bloco 16 × 16 tem 7 posições na horizontal e 7 posições na vertical. Num único bloco 16 × 16 para 4 histogramas, formando um vetor 36 × 1 após a normalização. Este bloco move-se 7 posições na horizontal e na vertical para 7 × 7 = 49 posições. Assim, quando se combina tudo num vetor gigante, obtém-se um vetor de tamanho 36 × 49 = 1764.

Conclusão do segundo capítulo

1. Com base no processamento de sinais de imagem digital é desenvolvido o equipamento de rádio de densificação.

2. O método de compressão JPEG é concebido. Consiste em seis etapas: 1) Conversão de RGB para YUV 2) Bloqueio 8x8 3) Transformada discreta de cosseno 4) Quantização 5) Zig-zagging, e 6) Codificação RLE

e Huffman. Este método é amplamente utilizado na compressão de imagens.

3. Os métodos de interpolação como o vizinho mais próximo, cúbico, bilinear, lanczos4 e área para redimensionamento de imagens foram analisados e comparados. Esses métodos foram comparados em termos de FPS, qualidade, taxa de bits, uso de memória, uso de CPU e tempo. De acordo com a comparação, o método cúbico foi considerado o melhor dos métodos de interpolação.

4. O método de deteção humana baseado no redimensionamento da imagem é concebido e explicado. O Histograma de Gradientes Orientados (HOG) é utilizado como método de deteção humana. O método HOG consiste em seis passos: 1) Pré-processamento 2) Cálculo de Gradientes 3) Cálculo do Histograma de Gradientes 4) Normalização de Blocos 5) Criação de Vectores de Descrição HOG, e 6) Classificador (SVM).

5. Através da transmissão de sinais de rádio digitais a uma frequência de 433014 kHz, é possível efetuar uma monitorização de rádio contínua em áreas perigosas existentes.

CAPÍTULO III. DESENVOLVIMENTO DE UM COMPLEXO DE BUSCA E SALVAMENTO BASEADO NA ANN E SUA IMPLEMENTAÇÃO

Este capítulo descreve o desenvolvimento de um complexo semi-autónomo de busca e salvamento baseado na deteção de múltiplos parâmetros utilizando inteligência artificial e um algoritmo de redimensionamento de imagem baseado em redes neuronais artificiais (RNA) para o complexo de busca e salvamento. A secção 3.1 ilustra todo o processo de desenvolvimento do algoritmo de redimensionamento de imagens baseado em RNA proposto para o complexo de busca e salvamento. A secção 3.2 apresenta a avaliação e os resultados experimentais do algoritmo de redimensionamento de imagens baseado em RNA. Na secção 3.3, é desenvolvido um complexo semi-autónomo de busca e salvamento baseado na deteção multiparamétrica com recurso à inteligência artificial e são apresentados a avaliação e os resultados experimentais do algoritmo de deteção humana baseado em HOG para o complexo de busca e salvamento. Por último, é apresentada uma breve conclusão do capítulo 3.

§3.1. Desenvolvimento de um modelo de compressão de imagem baseado em RNA para o complexo de busca e salvamento

Esta secção apresenta o processo de desenvolvimento do algoritmo de redimensionamento de imagens baseado em RNA proposto para o complexo de busca e salvamento. A Figura 3.2 apresenta uma visão geral de alto nível do processo proposto. O modelo proposto de compressão de imagem baseado em RNA consiste nos seguintes passos. Em primeiro lugar, a câmara capta a imagem original. De seguida, é redimensionada utilizando o método de interpolação. Em seguida, é efectuado o processo de compressão JPEG (ver Figura 2.9). A imagem comprimida é transmitida para o recetor através de um módulo de rádio. No lado da receção, a imagem recebida através do módulo de rádio é submetida a descompressão JPEG. Os passos seguintes consistem em escolher o modelo de rede neural mais adequado para o redimensionamento da imagem. Existem vários tipos de redes neuronais no domínio da informática. Estes incluem: Rede Neural Convolucional (CNN), Rede Neural Recorrente (RNN), Rede Neural Artificial (ANN), e outras.

Rede neural convolucional (CNN). A rede neural convolucional (CNN, ou ConvNet) pode ser uma categoria de redes neurais profundas, normalmente aplicadas à análise de imagens visuais. São também conhecidas como redes neuronais artificiais invariantes por deslocação ou invariantes por área (SIANN), apoiadas na sua conceção de pesos partilhados e nas suas caraterísticas de inalterabilidade da tradução. Têm aplicações no reconhecimento de imagens e vídeos, sistemas de recomendação, classificação de imagens, análise de imagens médicas e processamento de linguagem [128].

Rede neural recorrente (RNN). A RNN é uma classe de redes neuronais artificiais em que as ligações entre os nós formam um grafo orientado numa sequência temporal. Isto permite-lhe demonstrar um movimento dinâmico temporário. Vindo das redes neuronais, as RNNs são capazes de processar sequências de comprimentos variáveis usando o seu estado interno (memória) [129]. Isto aplica-se a funções como o reconhecimento de escrita manual não reconhecida, ligada ou reconhecimento de fala [130].

Rede neural artificial (RNA). As RNA, geralmente designadas simplesmente por redes neuronais (RNA), são sistemas informáticos vagamente inspirados nas redes neuronais biológicas que constituem os cérebros dos animais. As RNA são capazes de aprender qualquer função não linear. Por isso, estas redes são popularmente conhecidas como aproximadores universais de funções. As RNAs têm a capacidade de aprender pesos que mapeiam qualquer entrada para a saída.

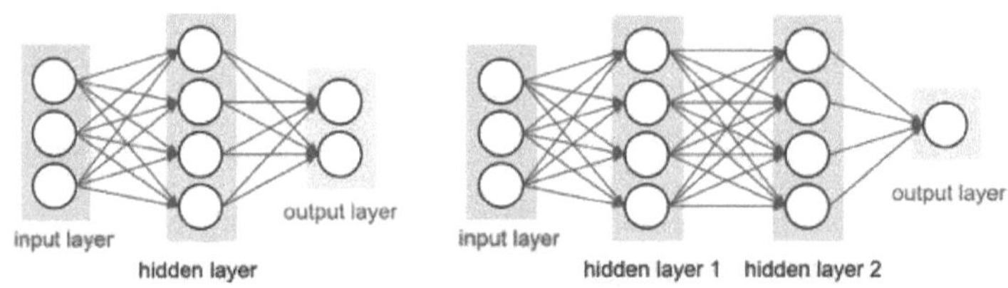

a) b)

Figura 3.1. Rede Neural Artificial

a) Uma rede neural de 2 camadas (uma camada oculta de 4 neurónios (ou unidades) e uma camada de saída com 2 neurónios) e três entradas.

b) Uma rede neuronal de 3 camadas com três entradas, duas camadas ocultas de 4 neurónios cada e uma camada de saída. Note-se que em ambos os casos existem ligações (sinapses) entre neurónios através das camadas, mas não dentro de uma camada.

ANN, um dos modelos acima referidos, foi utilizado para organizar o processo de redimensionamento da imagem. De seguida, a imagem é recuperada e é criada uma imagem recuperada.

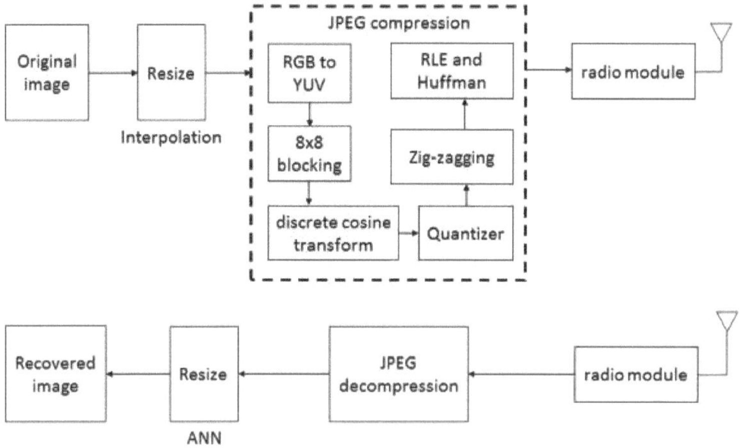

Figura 3.2. Modelo de compressão de imagem baseado em RNA

A Figura 3.3 ilustra o fluxograma pormenorizado do método de redimensionamento de imagens baseado em RNA.

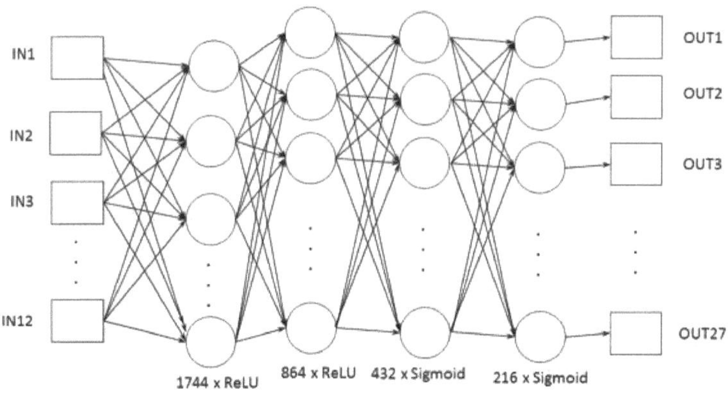

Figura 3.3. Método de redimensionamento de imagens baseado em RNA

De acordo com a Figura 3.3, o modelo ANN de redimensionamento de imagens funciona segundo o princípio de 2x2 para 3x3. A descrição do princípio 2x2 para 3x3 pode ser vista na Figura 3.4.

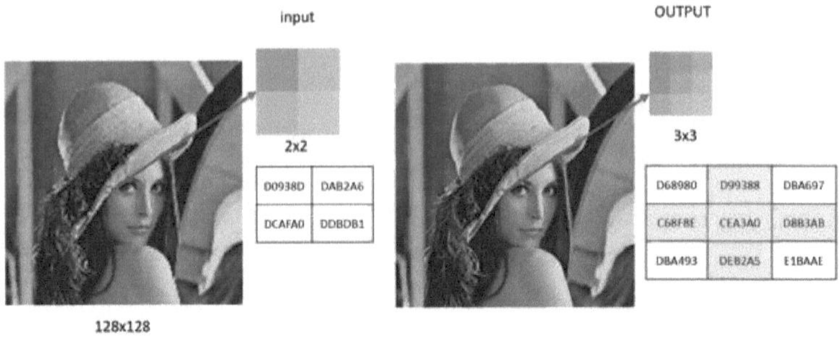

Figura 3.4. O princípio de 2x2 para 3x3

Numa rede neuronal, a função de ativação tem a responsabilidade de transformar a soma das entradas ponderadas do nó na ativação do nó ou na saída para essa entrada. Numa rede neural, são utilizados vários tipos de funções de ativação. O modelo de redimensionamento de imagens baseado em RNA proposto também utilizou dois tipos de funções de ativação. Estas são a função sigmoide e a função de ativação linear rectificada.

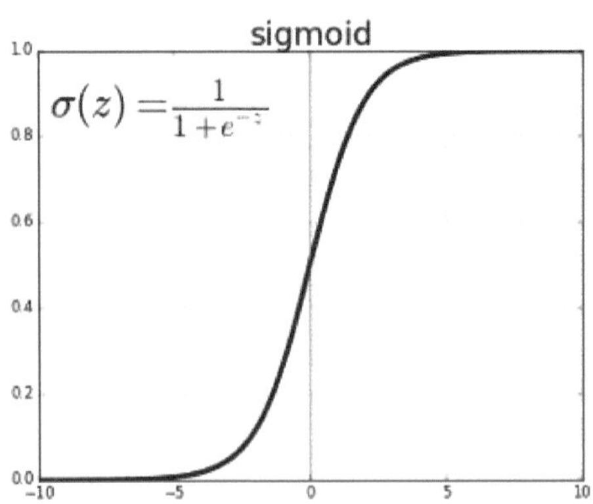

Figura 3.5. Função de ativação sigmoide

Função sigmoide. Uma função sigmoide é um tipo de função matemática que tem uma curva caraterística em forma de "S" ou curva sigmoide. A função de ativação sigmoide tem uma forma matemática $\sigma(x) = \frac{1}{(1+e^{-x})}$ e é mostrada na Figura 3.4. Toma um valor real e "aperta" no intervalo de 0 a 1. Em particular, os números negativos grandes são iguais a 0 e os números positivos grandes são iguais a 1. Normalmente, é utilizada na camada de saída de uma classificação binária, em que o resultado é 0 ou 1, uma vez que o valor da função sigmoide se situa entre 0 e 1, pelo que se pode prever facilmente que o resultado será 1 se o valor for superior a 0,5 e 0 caso contrário. A função sigmoide é historicamente utilizada com frequência porque é "a taxa a que um neurónio dispara: desde o não disparo total (0) até ao disparo totalmente saturado na frequência máxima prevista (1).

A principal razão para utilizar a função sigmoide é o facto de existir entre

(0 a 1). Por conseguinte, é especialmente utilizada para modelos em que é necessário assumir a probabilidade como resultado. A sigmoide é a escolha certa porque a probabilidade de qualquer coisa está apenas entre 0 e 1. A função pode ser distinguida. Assim, pode encontrar-se a curva sigmoidal em quaisquer dois pontos. A função é monotónica, mas o produto da função não o é.

Função de ativação linear rectificada (ReLU). A unidade linear rectificada é a função de ativação mais utilizada nos modelos de estudo aprofundado. A função devolve 0 se aceitar qualquer entrada negativa, mas devolve este valor para qualquer x positivo.

$$f(x)=\max(0, x)$$

As funções de ativação rectificadas têm sido utilizadas para distinguir entre excitação específica e inibição não específica numa pirâmide de abstração neural treinada de forma controlada para estudar múltiplas funções de visão computacional. Em 2011, a utilização de um retificador como não linear tornou possível a preparação de redes neurais profundamente controladas sem necessidade de treino não controlado. Em comparação com a função sigmoide ou funções de ativação semelhantes, as unidades lineares rectificadas permitem uma preparação mais rápida e eficiente de arquitecturas de neurónios profundos em conjuntos de dados grandes e complexos.

O modelo proposto tem 12 entradas e 27 saídas. O modelo proposto é composto por 4 camadas ocultas (ver Figura 3.3). Duas destas camadas ocultas baseiam-se na função de ativação ReLU e as outras duas baseiam-se na função de ativação Sigmoid. A primeira camada é constituída por 1744 neurónios com base na função de ativação ReLU. A segunda camada é constituída por 864 neurónios com base na função de ativação ReLU. A terceira camada é constituída por 432 neurónios com base na função de ativação Sigmoid. A quarta camada é constituída por 216 neurónios com base na função de ativação Sigmoid. O redimensionamento da imagem é efectuado com base nestas camadas e nos respectivos neurónios.

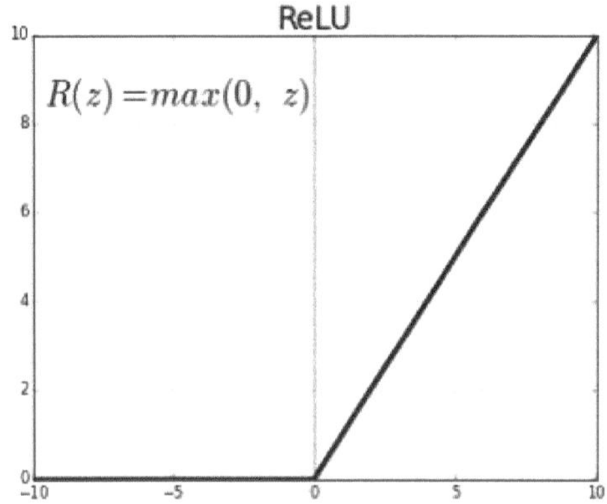

Figura 3.6. Função de ativação ReLU

De acordo com os resultados da investigação, é necessário melhorar o método de redimensionamento de imagens baseado em RNA (ver Figura 3.3). Isto deve-se ao facto de ser utilizada a função de ativação ReLU neste método. O campo de valores da função de ativação ReLU também pode assumir valores superiores a 1. No estudo, o intervalo de valores deve ser de 0 a 1. O facto de a ReLU assumir números superiores a 1 no campo de valores demonstrou afetar a deterioração e a precisão dos resultados obtidos com base no método proposto (ver Figura 3.3). Tendo em conta estas deficiências, o primeiro método proposto foi modificado. O método modificado é apresentado na figura 3.7.

Como se pode ver na Figura 3.7, o método modificado baseado na RNA funciona segundo o princípio de 2 x 2 para 3 x 3. Este modelo também tem 12 entradas e 27 saídas. Este modelo é constituído por 2 camadas ocultas. Nas redes neuronais, existe uma camada oculta entre a entrada e a saída do algoritmo, na qual a função aplica pesos aos dados e controla-os através da função de ativação como saída. Em suma, as camadas ocultas efectuam uma variação não linear das entradas incluídas na rede. As camadas latentes variam em função do funcionamento da rede neuronal, e as camadas semelhantes podem variar em função dos seus pesos associados. Estas camadas ocultas baseiam-se na função de ativação Sigmoid.

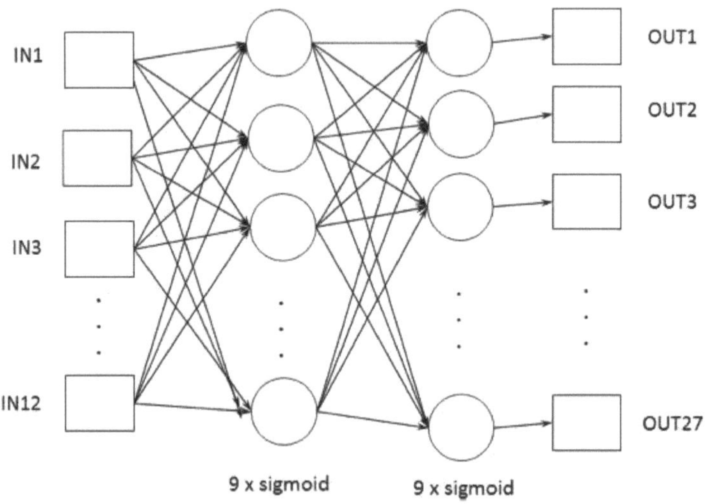

Figura 3.7. Redimensionamento de imagens com base em ANN utilizando a função de ativação Sigmoid

A primeira camada oculta é constituída por 9 neurónios com base na função de ativação Sigmoid. A segunda camada oculta também é constituída por 9 neurónios com base na função de ativação Sigmoid. O modelo baseado em RNA efectua uma série de processos. Os exemplos incluem os processos de feed-forwarding e backpropagation. A imagem do processo de feed-forwarding pode ser vista na Figura 3.8.

Foi utilizada uma Rede Neuronal Artificial (RNA) para

implementar o método proposto. No modelo baseado na RNA, ocorrem vários processos para aplicar o método proposto. Um desses processos é o processo de feed-forwarding.

O feed-forwarding é normalmente referido como um processo de rede perceptron em que a saída de todos os neurónios passa para as camadas seguintes, mas não para as camadas anteriores, pelo que não existe um período de feedback. As ligações são estabelecidas durante a fase de formação, que ocorre quando o sistema é um sistema de feedback.

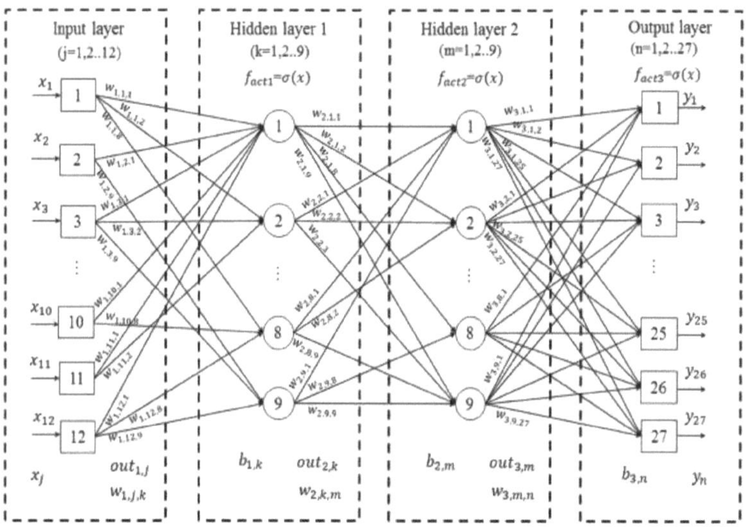

Figura 3.8. Processo de alimentação do método proposto

O processo de feed-forwarding pode ser expresso através de equações na sequência seguinte.

Em primeiro lugar, a denotação é efectuada no modelo baseado na RNA (ver Figura 3.8). xj é igual a out1,j. Aqui, j pode assumir números de 1 a 12.

$$out_{1,j} = x_j \tag{3.1}$$

Todas as funções de ativação, facto1, facto2, facto3, são iguais entre si. Esta equação é designada por σ (x). σ (x) designa a função de ativação sigmoide. Para encontrar a função de ativação sigmoide é dada pela seguinte equação.

$$f_{act1} = f_{act2} = f_{act3} = \sigma(x) = \frac{1}{1+e^{-x}} \tag{3.2}$$

Seguinte, $out_{2,k}$ é encontrado utilizando f_{act1} e $out_{1,j}$.

$$\begin{aligned} out_{2,k} &= f_{act1}\left(\left[\sum_{j=1}^{12} out_{1,j} \cdot w_{1,j,k}\right] + b_{1,k}\right) \\ &= f_{act1}\left(\left[\sum_{j=1}^{12} x_j \cdot w_{1,j,k}\right] + b_{1,k}\right) \end{aligned} \tag{3.3}$$

$out_{2,k}$ representa a saída da camada oculta 1. $out_{2,k}$ indica que é constituída por k camadas ocultas. Na camada oculta 1, existem 9 neurónios. Por conseguinte, k varia de 1 a 9. A saída de cada neurónio em $out_{2,k}$ significa que a soma das saídas da camada anterior multiplicada pelas saídas da camada anterior é adicionada à função de polarização e ativação.

$out_{3,m}$ é obtido através da seguinte equação:

$$out_{3,m} = f_{act2}\left(\left[\sum_{k=1}^{9} out_{2,k} \cdot w_{2,k,m}\right] + b_{2,m}\right) \tag{3.4}$$

$out_{3,m}$ representa a saída da camada oculta 2. $out_{3,m}$ indica que é constituída por k camadas ocultas. Na camada oculta 2, existem também 9 neurónios. Por conseguinte, k é um intervalo de 1 a 9. A saída de cada neurónio em $out_{3,m}$ significa que a soma das saídas da camada oculta 1 multiplicada pelas saídas da camada oculta 1 é adicionada à função de polarização e ativação.

y_n é obtido através da seguinte equação:

$$y_n = f_{act3}\left(\left[\sum_{m=1}^{9} out_{3,m} \cdot w_{3,m,n}\right] + b_{3,n}\right) \tag{3.5}$$

$y_n$representa a saída da camada oculta 2. y_n significa que a soma das saídas da camada oculta 2 multiplicada pelas saídas da camada oculta 2 é adicionada à função de polarização e ativação. y_n pode ser expresso pela equação (3.4) da seguinte forma:

$$y_n = f_{act3}\left(\left[\sum_{m=1}^{9} f_{act2}\left(\left[\sum_{k=1}^{9} out_{2,k} \cdot w_{2,k,m}\right] + b_{2,m}\right) \cdot w_{3,m,n}\right] + b_{3,n}\right) \tag{3.6}$$

Ao exprimir-se $out_{2,k}$ através de x_j, y_n pode ser expresso utilizando a seguinte equação.

$$y_n = f_{act3}\left(\left[\sum_{m=1}^{9} f_{act2}\left(\left[\sum_{k=1}^{9} f_{act1}\left(\left[\sum_{j=1}^{12} x_j \cdot w_{1,j,k}\right] + b_{1,k}\right) \cdot w_{2,k,m}\right] + b_{2,m}\right) \times\times w_{3,m,n}\right] + b_{3,n}\right) \quad (3.7)$$

y_n pode ser expressa pela função de ação da seguinte forma:

$$y_n = \left[1 + e^{-\left(\left[\sum_{m=1}^{9} \frac{w_{3,m,n}}{1+e^{-\left(\left[\sum_{k=1}^{9} \frac{w_{2,k,m}}{1+e^{-\left(\left[\sum_{j=1}^{12} x_j \cdot w_{1,j,k}\right]+b_{1,k}\right)}}\right]+b_{2,m}\right)}}\right]+b_{3,n}\right)}\right]^{-1} \quad (3.8)$$

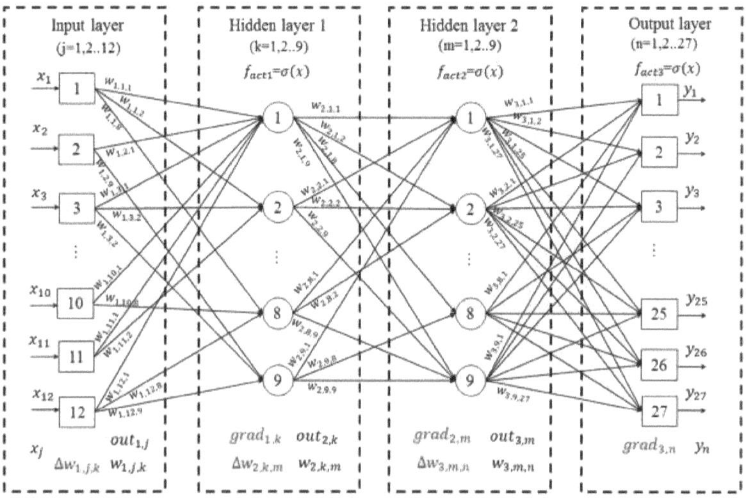

Figura 3.9. Processo de retropropagação do método proposto

Na Figura 3.9, é apresentado o processo de retropropagação do método proposto. A retropropagação é um algoritmo amplamente utilizado para o treino de redes neuronais feedforward. A generalização da retropropagação está disponível para outras redes neuronais artificiais (RNA) e funções em geral. Estas classes de algoritmos são normalmente designadas por "retropropagação". Ao configurar uma rede neuronal, o backpropagation calcula o gradiente da função de perda em relação aos pesos da rede para um único exemplo de entrada-saída e tem um desempenho tão eficiente que o gradiente em cada peso é diretamente oposto ao cálculo correto. Esta eficiência torna conveniente o treino de redes multicamadas, utilizando métodos de gradiente para atualizar os pesos de modo a minimizar as perdas; são normalmente utilizadas opções como a queda de gradiente ou a queda de gradiente estocástica. O algoritmo de retropropagação é repetido para trás a partir da última camada para evitar o cálculo excessivo de termos intermédios na regra da cadeia, calculando o gradiente da função de perda de peso para cada peso de acordo com a regra da cadeia; este é um exemplo de programação dinâmica [131]. O principal objetivo do processo de retropropagação é corrigir os erros de saída.

Retropropagação: equação do gradiente,

O valor do gradiente da camada de saída é representado pela seguinte equação:

$$grad_{3,n} = (target_n - y_n) \cdot \frac{df_{act3}(y_n)}{dy_n} \tag{3.9}$$

em que $target_n$ significa o valor-alvo, y_n significa o valor resultante.

$grad_{2,m}$ é determinado multiplicando o gradiente da camada de saída pelos pesos da camada oculta 2 e, em seguida, multiplicando o resultado pela derivada da função de ativação de $out_{3,m}$.

$$grad_{2,m} = \left(\sum_{n=1}^{27} w_{3,m,n} \cdot grad_{3,n}\right) \cdot \frac{df_{act2}(out_{3,m})}{dout_{3,m}} \tag{3.10}$$

$grad_{1,k}$ é determinado multiplicando o gradiente da camada oculta 2 pelos pesos da camada oculta 1 e, em seguida, multiplicando o resultado pela derivada da função de ativação de $out_{2,k}$.

$$grad_{1,k} = \left(\sum_{m=1}^{9} w_{2,k,m} \cdot grad_{2,m}\right) \cdot \frac{df_{act1}(out_{2,k})}{dout_{2,k}} \quad (3.11)$$

A equação (3.12) mostra uma derivada da função de ativação.

$$\frac{d}{dx}\sigma(x) = \frac{d}{dx}\left[\frac{1}{1+e^{-x}}\right] = \frac{1}{1+e^{-x}} \cdot \left(1 - \frac{1}{1+e^{-x}}\right) = \sigma(x)[1 - \sigma(x)] \quad (3.12)$$

O processo de atualização de pesos do backpropagation é realizado na sequência seguinte. Inicialmente, é efectuada a denotação. O processo de denotação é apresentado na equação seguinte.

$$old\Delta w_{3,m,n} = \Delta w_{3,m,n} \quad \text{e} \quad oldw_{3,m,n} = w_{3,m,n} \quad (3.13)$$

$\Delta w_{3,m,n}$ é expressa através da seguinte equação.

$$\Delta w_{3,m,n} = eta \cdot out_{3,m} \cdot grad_{3,m} + alpha \cdot old\Delta w_{3,m,n} \quad (3.14)$$

em que eta e $alpha$ são constantes que representam a taxa de aprendizagem. Quanto mais pequeno for o valor de eta e $alpha$mais precisa será a rede neural.

$$w_{3,m,n} = oldw_{3,m,n} + \Delta w_{3,m,n} \quad (3.15)$$

Inicialmente, é feito o cálculo dos pesos para a camada oculta 1.

$$old\Delta w_{2,k,m} = \Delta w_{2,k,m} \quad \text{e} \quad oldw_{2,k,m} = w_{2,k,m} \quad (3.16)$$

$\Delta w_{2,k,m}$é expressa através da seguinte equação.

$$\Delta w_{2,k,m} = eta \cdot out_{2,k} \cdot grad_{2,k} + alpha \cdot old\Delta w_{2,k,m} \quad (3.17)$$

$$w_{2,k,m} = oldw_{2,k,m} + \Delta w_{2,k,m} \quad (3.18)$$

Inicialmente, é feito o cálculo dos pesos para a camada de entrada.

$$old\Delta w_{1,j,k} = \Delta w_{1,j,k} \quad \text{e} \quad oldw_{1,j,k} = w_{1,j,k} \quad (3.19)$$

$\Delta w_{1,j,k}$ é expressa através da seguinte equação.

$$\Delta w_{1,j,k} = eta \cdot out_{1,j} \cdot grad_{1,j} + alpha \cdot old\Delta w_{1,j,k} \quad (3.20)$$

$$w_{1,j,k} = oldw_{1,j,k} + \Delta w_{1,j,k} \quad (3.21)$$

§3.2. Avaliação e resultados experimentais do algoritmo de redimensionamento de imagens baseado em RNA

Esta secção fornece informações sobre a avaliação e os resultados experimentais do algoritmo de redimensionamento de imagens baseado em RNA. O algoritmo de redimensionamento de imagens baseado em RNA proposto é implementado em C++ e todas as experiências foram efectuadas num PC com CPU de 3,20 GHz e 64 GB de RAM.

No processo de investigação realizado neste trabalho, foram desenvolvidos algoritmos e software para redimensionamento de imagens e deteção de pessoas. Para desenvolver software para redimensionamento de imagens e deteção humana, utiliza-se a linguagem de programação orientada para objectos Visual C ++ e a biblioteca OpenCV. A OpenCV é uma biblioteca de visão computacional de fonte aberta e muito utilizada que funciona tanto com Python como com C ++. A OpenCV está pré-construída para incluir todos os métodos e algoritmos básicos para várias tarefas de processamento de imagem e de vídeo. A prática é realmente simples e demonstra claramente os meios mais bem sucedidos de digitalização de um computador. É multiplataforma, permitindo aos utilizadores desenvolver aplicações para Windows, Linux e Android.

Quadro 3.1

Ambiente de implementação para redimensionamento de imagens baseado em RNA

Ambiente de implementação		
Hardware	CPU	IntelCore (TM) i7-8700 3.20GHz
	RAM	64.00GB
Software	SO	Windows 10
	Programação língua	C++, Python
	Compilador	Compilador Microsoft C++ (MSVC) 2019

A base de dados USC-SIPI é uma coleção de imagens digitalizadas. É mantida principalmente para apoiar a investigação em processamento de imagem, análise de imagem e visão artificial. O conjunto de dados desta base de dados é utilizado para avaliar o redimensionamento de imagens e para avaliar em que medida afectam a qualidade da imagem quando redimensionada. Para além disso, foram também utilizadas outras imagens padrão.

Em geral, os selecionados incluem: Lena; Babuíno (Mandril); Bárbara; Pimentos; Casa; Avião (Avião); Papagaios; Folhas; Operador de câmara; Borboleta. Para além disso, foi também criado um conjunto de dados de imagens locais. O conjunto de dados de imagens locais é constituído por Muhammad al-Khwarizmi, Amir Temur, Tashkent TV Tower e TUIT. O ambiente de implementação e os dados experimentais dos métodos de redimensionamento de imagens são apresentados na Tabela 3.1. Os métodos de redimensionamento de imagens propostos são implementados em Python, C++ e todas as experiências foram efectuadas num PC com um CPU de 3,20 GHz e 64 GB de RAM.

O software desenvolvido está protegido pelos seguintes certificados de registo oficial do programa para computadores electrónicos pela Agência da Propriedade Intelectual do Ministério da Justiça da República do Usbequistão [132, 133, 134, 135, 136].

Para validar o método proposto de redimensionamento de imagens com base em RNA, os resultados experimentais são avaliados utilizando os métodos de estimativa do erro quadrático médio (MSE), do erro quadrático médio (RMSE), da relação sinal-ruído de pico (PSNR) e da medida do índice de semelhança estrutural (SSIM).

São efectuadas comparações quantitativas e qualitativas da abordagem proposta para o redimensionamento de imagens com base em RNA com 13 métodos alternativos, tais como a eficiência energética [137], o elevado desempenho [138], a predição adaptativa eficiente [139], a interpolação baseada na estrutura do preditor adaptativo [140], as imagens codificadas por DCT em blocos de baixa taxa de bits [141], redução de artefactos de compressão [142], redução de artefactos de bloqueio de imagem através de agrupamento de manchas [143], redução de artefactos na descompressão jpeg [144], minimização da norma nuclear ponderada (WNNM) [146], modelo não convexo de baixo grau [147], rede convolucional profunda (DCN) [148], rede neural convolucional (CNN) [149].

Erro médio quadrático (MSE). O MSE é o avaliador mais comum das métricas de medição da qualidade da imagem. Trata-se de uma métrica de referência completa e os valores próximos de zero são melhores. Este é o segundo momento do erro. A variância do estimador e a sua incerteza são adicionadas pelo desvio padrão. O MSE é a variância do preditor no estimador objetivo. Tem unidades de medida iguais ao quadrado da magnitude, que é calculada como a variância.

O erro quadrático médio (MSE) entre duas imagens como g (x,y) e g (x,y) é definido como [150],

$$MSE = \frac{1}{MN}\sum_{n=0}^{M}\sum_{m=1}^{N}[\hat{g}(n,m - g(n,m)]^2 \tag{3.22}$$

A partir da equação (3.22), pode ver-se que o MSE é uma representação do erro absoluto.

A comparação quantitativa do MSE é demonstrada na Figura 3.11. É fácil ver que o método proposto redimensiona eficazmente as imagens. Nalguns casos, a nossa abordagem e o método de Feng [149] apresentam resultados não muito próximos, mas quase semelhantes. Na maior parte das imagens, o método proposto enfatiza melhor os erros mínimos. A Tabela 3.2 apresenta uma comparação das 10 imagens selecionadas acima mencionadas com 13 métodos alternativos em termos de MSE.

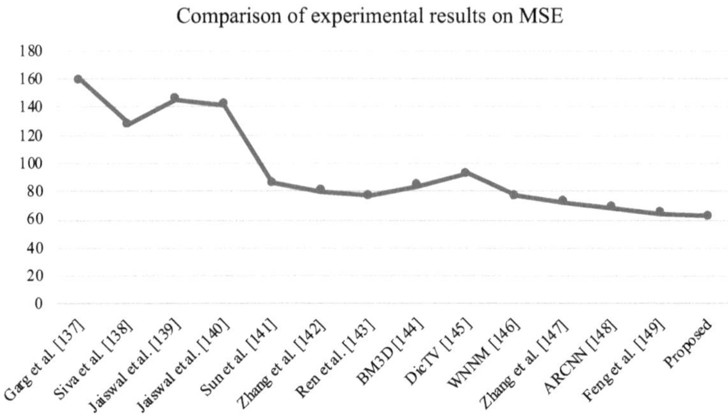

Figura 3.10. Comparação dos resultados experimentais em MSE

Tabela 3.2.

Comparação dos resultados experimentais utilizando o método de avaliação MSE

Método	**Lena**	**Babuíno**	**Bárbara**	**Pimentos**	**Casa**	**Avião**	**Papagaios**	**Folhas**	**Operador de câmara**	**Borboleta**	**Média**
Garg et al. [137]	9.32	-	-	11.87	15.71	12.69	-	-	-	-	12.39
Siva et al. [138]	9.02	-	-	11.27	13.83	10.59	-	-	-	-	11.18
Jaiswal et al. [139]	17.08	14.88	6.35	-	-	5.19	-	-	-	-	10.88
Jaiswal et al. [140]	17.06	14.52	**6.09**	-	-	5.15	-	-	-	-	10.71
Sun et al. [141]	6.61	-	-	6.69	6.40	-	8.03	11.92	11.05	12.04	8.97
Zhang et al. [142]	6.46	-	-	6.64	6.32	-	7.61	11.05	10.82	11.62	8.65
Ren et al. [143]	6.46	-	-	6.68	6.11	-	7.75	10.64	10.84	11.17	8.52
BM3D [144]	6.57	-	-	6.85	6.35	-	8.02	11.41	11.06	11.87	8.88
DicTV [145]	6.75	-	-	6.95	6.58	-	8.23	12.30	11.50	12.65	9.28
WNNM [146]	6.45	-	-	6.67	6.10	-	7.76	10.55	10.87	11.10	8.50

Zhang et al. [147]	6.27	-	-	6.45	5.68	-	7.47	9.92	10.48	11.27	8.22
ARCNN [148]	6.37	-	-	6.78	6.03	-	7.51	9.79	10.60	9.54	8.09
Feng et al. [149]	5.64	-	-	6.53	**5.54**	-	7.09	9.29	10.83	9.47	7.77
Proposta	**4.16**	**13.14**	10.23	**5.18**	5.61	**4.49**	**3.24**	**8.36**	**9.74**	**8.69**	**7.28**

Erro de raiz quadrada média (RMSE). O MSE fornece a raiz do erro quadrático médio (RMSE) ou o desvio quadrático médio (RMSD) e é frequentemente referido como o desvio padrão da variância. O RMSE é outro tipo de técnica de medição de erro amplamente utilizado para medir a diferença entre o valor aproximado e o valor real. Isto estima a magnitude do erro. Trata-se de uma excelente medida da precisão utilizada para realizar as diferenças nos erros de previsão de diferentes preditores para a variável exacta [151].

Se se assumir que o parâmetro estimado dado em θ pode ser um preditor em relação a θ, então o erro quadrático médio é efetivamente a raiz quadrada do erro quadrático médio.

A determinação do RMSE é dada pela seguinte equação:

$$\mathrm{RMSE}(\hat{\theta})=\sqrt{\mathrm{MSE}(\hat{\theta})} \tag{3.23}$$

A comparação do RMSE é demonstrada na Figura 3.11. Nalguns casos, a nossa abordagem e o método de Feng [149] não são muito próximos, mas apresentam resultados semelhantes. Na maior parte das imagens, o método proposto dá mais ênfase ao erro quadrático médio. A Tabela 3.3 apresenta uma comparação das 10 imagens selecionadas acima mencionadas com 13 métodos alternativos em termos de RMSE.

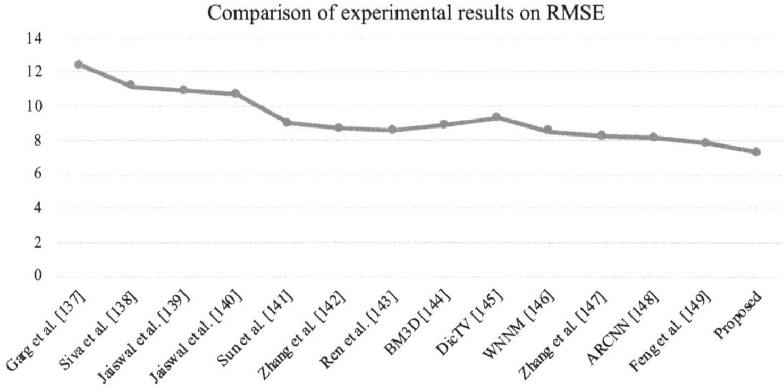

Figura 3.11. Comparação dos resultados experimentais no RMSE

Tabela 3.3.

Comparação dos resultados experimentais utilizando o método de avaliação RMSE

Método	Lena	Babuíno	Bárbara	Pimentos	Casa	Avião	Papagaios	Folhas	Operador de câmara	Borboleta	Média
Garg et al. [137]	86.96	-	-	140.93	246.84	160.97	-	-	-	-	158.92
Siva et al. [138]	81.42	-	-	127.04	191.36	112.14	-	-	-	-	127.99
Jaiswal et al. [139]	291.79	221.35	40.28	-	-	26.98	-	-	-	-	145.10
Jaiswal et al. [140]	291.12	210.90	**37.07**	-	-	26.49	-	-	-	-	141.39
Sun et al. [141]	43.76	-	-	44.78	41.03	-	64.42	142.25	122.20	144.90	86.19
Zhang et al. [142]	41.79	-	-	44.16	40.0	-	57.95	122.20	116.97	134.92	79.71

Ren et al. [143]	41.79	-	-	44.67	37.33	-	60.13	113.26	117.51	124.76	77.06
BM3D [144]	43.26	-	-	46.89	40.37	-	64.28	130.34	122.48	140.95	84.08
DicTV [145]	45.51	-	-	48.31	43.26	-	67.78	151.38	132.15	159.98	92.62
WNNM [146]	41.69	-	-	44.57	37.25	-	60.26	111.45	118.32	123.33	76.70
Zhang et al. [147]	39.27	-	-	41.60	32.30	-	55.86	98.42	109.92	127.08	72.06
ARCNN [148]	40.56	-	-	46.03	36.31	-	56.37	95.95	112.48	91.01	68.39
Feng et al. [149]	31.77	-	-	42.66	**30.77**	-	50.36	86.31	117.24	89.76	64.12
Proposta	**17.33**	**172.60**	104.6	**26.83**	31.49	**20.15**	**10.54**	**69.90**	**94.84**	**75.58**	**62.39**

Relação sinal-ruído de pico (PSNR). A PSNR é utilizada para calcular o rácio entre a potência máxima possível do sinal e a potência do ruído de distorção que afecta a qualidade da sua representação. Este rácio entre duas imagens é calculado em decibéis. A relação sinal-ruído de pico é a técnica de avaliação da qualidade mais utilizada para medir a qualidade da reconstrução de codecs de compressão de imagem com perdas. O sinal é considerado como os dados originais e o ruído é o erro produzido pela compressão ou distorção.

A PSNR é expressa como:

$$\mathrm{PSNR}{=}10\log_{10}\frac{\mathrm{peakval}^2}{\mathrm{MSE}} \tag{3.24}$$

Em que peakval (valor de pico) é o valor máximo nos dados da imagem. Se se tratar de um tipo de dados
Se se tratar de um tipo de dados inteiro sem sinal de 8 bits, o valor de pico é 255 [152]. A partir da equação (3.24), pode ver-se que é uma representação do erro absoluto em dB.

A comparação do PSNR é demonstrada na Figura 3.12. Nalguns casos, a nossa abordagem e o método de Feng [149] apresentam resultados não muito próximos, mas quase semelhantes. Na maioria das imagens, o método proposto enfatiza melhor o erro quadrático médio. A comparação das 10 imagens selecionadas acima mencionadas com 13 métodos alternativos em termos de PSNR é apresentada na Tabela 3.4.

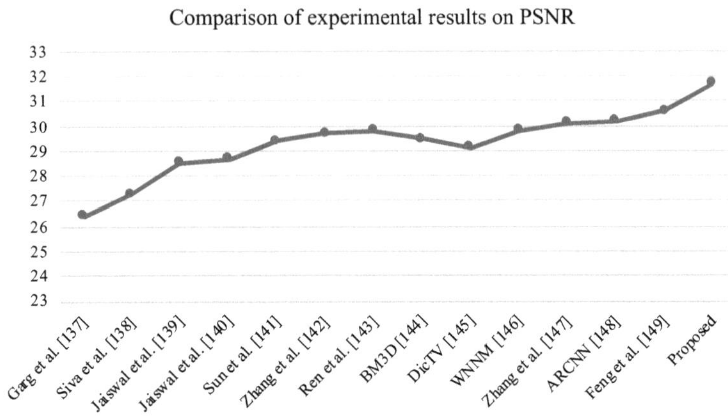

Figura 3.12. Comparação dos resultados experimentais em PSNR

Tabela 3.4.

Comparação dos resultados experimentais utilizando o método de avaliação PSNR

Método	Lena	Babuíno	Bárbara	Pimentos	Casa	Avião	Papagaios	Folhas	Operador de câmara	Borboleta	Média
Garg et al. [137]	28.73	-	-	26.64	24.21	26.06	-	-	-	-	26.41
Siva et al. [138]	29.02	-	-	27.09	25.31	27.63	-	-	-	-	27.26
Jaiswal et al. [139]	23.48	24.68	32.08	-	-	33.82	-	-	-	-	28.51
Jaiswal et al. [140]	23.49	24.89	**32.44**	-	-	33.90	-	-	-	-	28.68
Sun et al. [141]	31.72	-	-	31.62	32.00	-	30.04	26.60	27.26	26.52	29.39
Zhang et al. [142]	31.92	-	-	31.68	32.11	-	30.5	27.26	27.45	26.83	29.67
Ren et al. [143]	31.92	-	-	31.63	32.41	-	30.34	27.59	27.43	27.17	29.78
BM3D [144]	31.77	-	-	31.42	32.07	-	30.05	26.98	27.25	26.64	29.45
DicTV [145]	31.55	-	-	31.29	31.77	-	29.82	26.33	26.92	26.09	29.11

WNNM [146]	31.93	-	-	31.64	32.42	-	30.33	27.66	27.40	27.22	29.8
Zhang et al. [147]	32.19	-	-	31.94	33.04	-	30.66	28.2	27.72	27.09	30.12
ARCNN [148]	32.05	-	-	31.5	32.53	-	30.62	28.31	27.62	28.54	30.16
Feng et al. [149]	33.11	-	-	31.83	**33.25**	-	31.11	28.77	27.44	28.60	30.58
Proposta	**35.74**	**25.76**	27.93	**33.84**	33.15	**35.09**	**37.90**	**29.68**	**28.36**	**29.35**	**31.68**

Medida do índice de similaridade estrutural (SSIM). O método do índice de semelhança estrutural é um modelo baseado nesta perceção. O termo dados estruturais refere-se a pixels interconectados ou pixels espacialmente fechados. Esta resolução interligada aponta para uma série de informações importantes sobre os objectos no campo das imagens. A máscara de iluminação é um termo em que a parte distorcida da imagem é menos visível nas margens da imagem. A máscara de contraste, por outro lado, é um termo em que estas distorções são menos visíveis na estrutura da imagem. O SSIM prevê a qualidade percepcionada de imagens e vídeos. Mede a semelhança entre as duas imagens: a original e a restaurada.

$$\mathrm{SSIM}(x,y)=\frac{(2\mu_x\mu_y+c_1)(2\sigma_{xy}+c_2)}{(\mu_x^2+\mu_y^2+c_1)(\sigma_x^2+\sigma_y^2+c_2)} \times 100 \qquad (3.25)$$

Sendo μx a média de x; μy a média de y; σ_x^2 a variância de x; σ_y^2 a variância de y; σ_{xy} a covariância de x e y; $c_1 = (k_1L)^2$, $c_2 = (k_2L)^2$ duas variáveis para estabilizar a divisão com denominador fraco; L a gama dinâmica dos valores de pixel (normalmente 2#bits por pixel-1), k1=0,01 e k2=0,03 por defeito.

A comparação em MSE é demonstrada na Figura 3.13. A comparação das 10 imagens selecionadas acima mencionadas com 13 métodos alternativos em termos de PSNR é apresentada na Tabela 3.4.

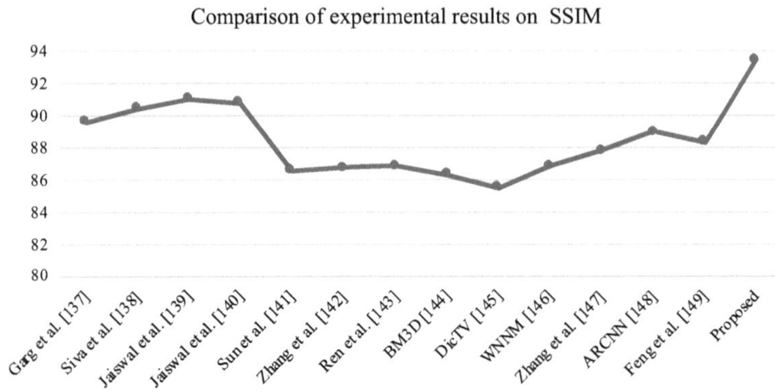

Figura 3.13. Comparação dos resultados experimentais no SSIM

Tabela 3.5.

Comparação dos resultados experimentais utilizando o método de avaliação SSIM

Método	Lena	Babuíno	Bárbara	Pimentos	Casa	Avião	Papagaios	Folhas	Operador de câmara	Borboleta	Média
Garg et al. [137]	97.02	-	-	96.01	87.49	77.88	-	-	-	-	89.60
Siva et al. [138]	**97.09**	-	-	**96.30**	88.25	80.02	-	-	-	-	90.42
Jaiswal et al. [139]	80.00	**93.00**	**96.00**	-	-	95.00	-	-	-	-	91.00
Jaiswal et al. [140]	79.00	**93.00**	**96.00**	-	-	95.00	-	-	-	-	90.75
Sun et al. [141]	85.90	-	-	83.22	85.04	-	87.83	91.38	83.58	88.71	86.52
Zhang et al. [142]	85.97	-	-	83.17	85.13	-	88.04	92.12	83.29	89.23	86.71
Ren et al. [143]	85.71	-	-	83.00	85.26	-	87.75	93.09	82.59	90.10	86.79
BM3D [144]	85.49	-	-	82.50	84.92	-	87.49	92.07	82.40	88.96	86.26
DicTV [145]	85.59	-	-	82.44	84.84	-	87.41	90.32	80.46	86.99	85.44

WNNM [146]	85.71	-	-	83.03	85.31	-	87.75	93.25	82.48	90.19	86.82
Zhang et al. [147]	86.61	-	-	83.58	86.09	-	88.42	94.06	84.01	91.42	87.74
ARCNN [148]	88.38	-	-	85.32	86.78	-	90.47	94.75	84.48	92.45	88.95
Feng et al. [149]	87.11	-	-	84.34	85.91	-	89.42	94.95	83.89	92.37	88.28
Proposta	94.90	86.20	91.06	91.39	**92.37**	**96.58**	**97.51**	**96.70**	**92.24**	**94.89**	**93.39**

Seguindo o nosso método, os métodos de estimação MSE, RMSE, PSNR e SSIM apresentam melhores resultados do que os outros 13 métodos alternativos. Os resultados comparativos obtidos para estes quatro métodos de estimativa são apresentados na Figura 3.14.

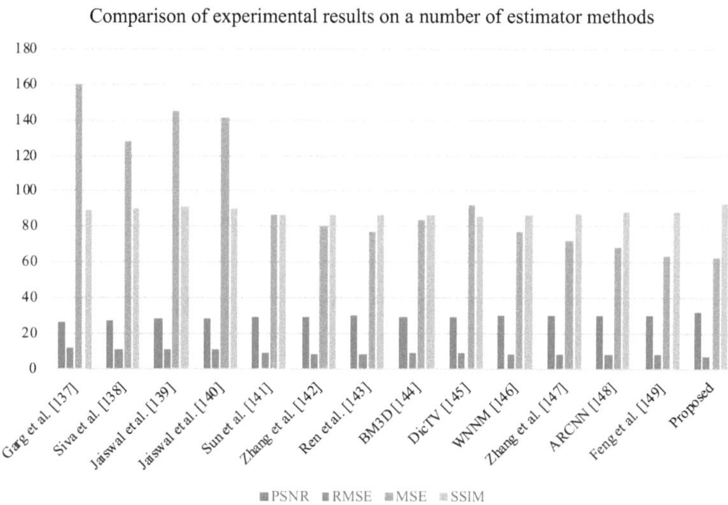

Figura 3.14. Resultados experimentais do redimensionamento de imagens no conjunto de dados de imagens USC-SIPI

Como se pode ver na Figura 3.14, os resultados obtidos pelo método de estimação PSNR estão expressos a azul, os resultados obtidos pelo método de estimação RMSE a castanho, os resultados obtidos pelo método de estimação MSE a cinzento e os resultados obtidos pelo método de estimação SSIM a amarelo. De acordo com os resultados, o pior resultado de acordo com o método PSNR foi obtido por Garg et al. [137], e o melhor resultado pertence ao método proposto. Os melhores resultados de RMSE foram obtidos por Feng et al. [149] e pertencem ao método proposto.

]

O nosso método é ligeiramente superior ao de Feng et al. [149]. Os resultados próximos do método proposto para todos os métodos pertencem a Feng et al. [149]. Os resultados para todos os métodos mostraram que o nosso método apresenta melhores resultados do que o método mais próximo. A tabela seguinte mostra os resultados quantitativos obtidos pelos métodos de estimação MSE, RMSE, PSNR e SSIM.

Tabela 3.6.

Resultados do redimensionamento de imagens no conjunto de dados de imagens USC-SIPI

Método	PSNR	MSE	RMSE	SSIM
Garg et al. [137]	26.412	12.398	158.924	89.600
Siva et al. [138]	27.264	11.179	127.992	90.415
Jaiswal et al. [139]	28.515	10.875	145.102	91.00
Jaiswal et al. [140]	28.680	10.705	141.398	90.75
Sun et al. [141]	29.394	8.965	86.194	86.522
Zhang et al. [142]	29.678	8.647	79.715	86.707
Ren et al. [143]	29.784	8.523	77.065	86.785
BM3D [144]	29.454	8.878	84.083	86.261
DicTV [145]	29.110	9.279	92.625	85.435
WNNM [146]	29.800	8.505	76.698	86.817
Zhang et al. [147]	30.120	8.221	72.062	87.741
ARCNN [148]	30.167	8.089	68.389	88.947
Feng et al. [149]	30.587	7.772	64.125	88.284
Proposta	**31.681**	**7.284**	**62.389**	**93.386**

De acordo com os resultados da comparação, o resultado mais

próximo do nosso foi o de Feng et al. [149]. De seguida, apresentam-se os resultados (em percentagem) de Feng et al. [149] e a comparação do método proposto em 4 métodos de avaliação.

$$The\ result\ achieved\ on\ PSNR = 100\% - \left(\frac{Feng's}{Proposed} \times 100\%\right)$$

$$= 100\% - \frac{30{,}587}{31{,}681} \times 100\% = 3{,}5\%$$

$$The\ result\ achieved\ on\ MSE = 100\% - \left(\frac{Proposed}{Feng's} \times 100\%\right)$$

$$= 100\% - \frac{7{,}284}{7{,}72} \times 100\% = 6{,}7\%$$

$$The\ result\ achieved\ on\ RMSE = 100\% - \left(\frac{Proposed}{Feng's} \times 100\%\right)$$

$$= 100\% - \frac{62{,}389}{64{,}125} \times 100\% = 2{,}8\%$$

$$The\ result\ achieved\ on\ SSIM = 100\% - \left(\frac{Feng's}{Proposed} \times 100\%\right)$$

$$= 100\% - \frac{88{,}284}{93{,}386} \times 100\% = 5\%$$

Figura 3.15. Imagens obtidas para comparação no trabalho de investigação

Figura 3.16. Exemplo de comparação obtida com a imagem Lena

Tal como referido anteriormente, foi também criado um conjunto de dados de imagens locais neste estudo. Na comparação foram utilizados não só conjuntos de dados de imagens globais populares, mas também o conjunto de dados de imagens locais criado. Uma vez que este conjunto de dados de imagens foi criado recentemente e ainda não foi utilizado por outros cientistas, foram obtidos métodos de redimensionamento de imagens por interpolação para comparação. Foram utilizados métodos de interpolação como Nearest, Linear Area, Cubic e Lanczos4 para comparação. A comparação do MSE é demonstrada na Figura 3.17. A comparação de quatro imagens locais selecionadas com cinco métodos de interpolação alternativos em MSE é apresentada na Tabela 3.7.

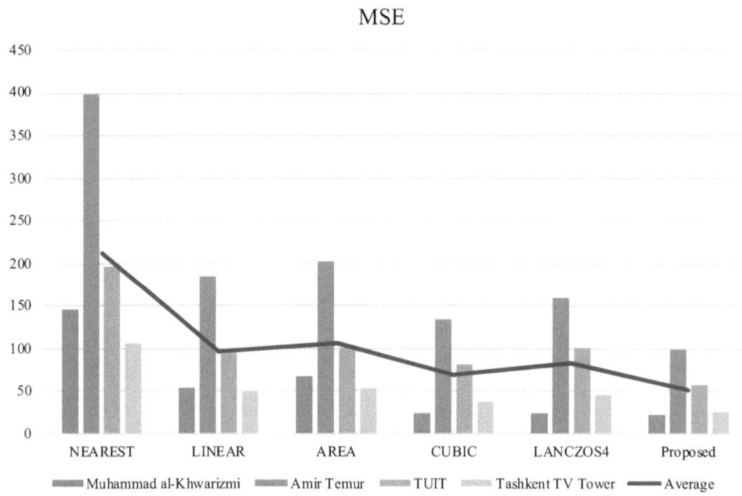

Figura 3.17. Comparação dos resultados experimentais das imagens locais em MSE

De acordo com a Figura 3.17, a comparação do método de estimativa MSE, o método de interpolação mais próximo obteve o pior resultado. O melhor resultado foi o do método proposto. Entre os métodos de interpolação, o melhor em termos de qualidade é o método de interpolação cúbica. Por esse motivo, o método que mais se aproximou do método proposto foi o método de interpolação cúbica.

O quadro seguinte apresenta os valores quantitativos dos resultados obtidos no MSE.

Tabela 3.7.

Comparação do MSE com base num conjunto de dados de imagens locais

Nomes de imagens	**Mais próximo**	**Linear**	**Área**	**Cúbico**	**Lanczos4**	**Proposta**
Muhammad al-Khwarizmi	144.83	54.23	67.02	23.49	23.42	22.24
Amir Temur	399.08	185.10	202.00	134.88	160.06	99.44
TUIT	196.34	95.15	100.10	81.08	100.34	57.80
Torre de televisão de Tashkent	106.94	50.21	54.12	37.64	45.54	26.72
Média	**211.79**	**96.17**	**105.80**	**69.27**	**82.34**	**51.55**

A comparação em termos de RMSE é demonstrada na Figura 3.18. A comparação de quatro imagens locais selecionadas com cinco métodos de interpolação alternativos em termos de RMSE é apresentada na Tabela 3.8.

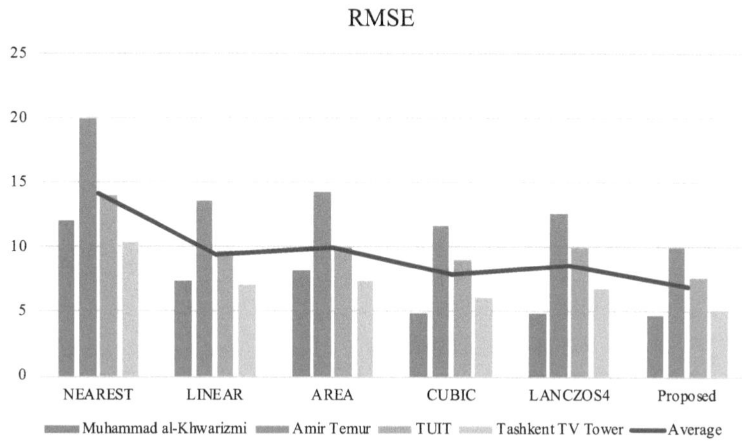

Figura 3.18. Comparação dos resultados experimentais das imagens locais no RMSE

Os resultados da comparação de imagens locais entre o método proposto e outros métodos no PSNR são apresentados na Figura 3.19. Na comparação da PSNR, um valor mais elevado representa um melhor resultado e um valor mais baixo representa um pior resultado. As representações quantitativas de quatro imagens locais selecionadas com cinco métodos de interpolação alternativos (Nearest, Linear, Area, Cubic e Lanczos4) obtidas no PSNR são apresentadas na Tabela 3.9.

Tabela 3.8.

Comparação do RMSE com base num conjunto de dados de imagens locais

Nomes de imagens	**Mais próximo**	**Linear**	**Área**	**Cúbico**	**Lanczos4**	**Proposta**
Muhammad al-Khwarizmi	12.034	7.364	8.187	4.846	4.839	4.715

Amir Temur	19.977	13.61	14.21	11.613	12.651	9.972
TUIT	14.012	9.755	10.000	9.004	10.016	7.602
Torre de televisão de Tashkent	10.341	7.086	7.357	6.134	6.748	5.169
Média	**14.091**	**9.452**	**9.940**	**7.899**	**8.564**	**6.864**

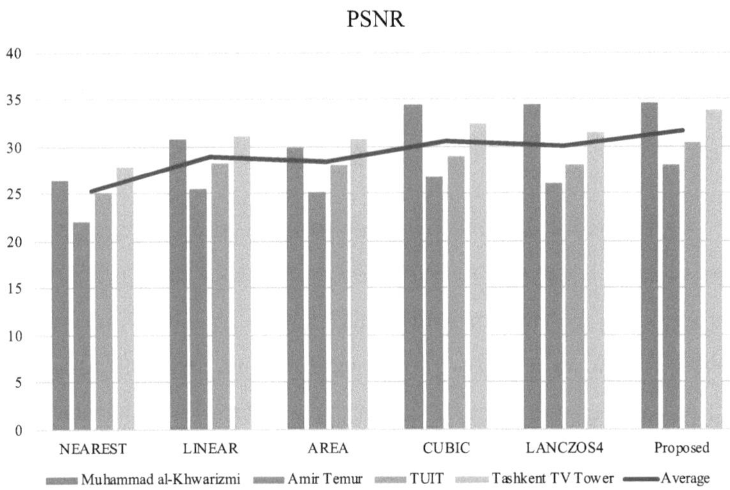

Figura 3.19. Comparação dos resultados experimentais das imagens locais em PSNR

Como se pode ver na Figura 3.19 e na Tabela 3.9, o valor médio de 25,421 para o método Nearest, 28,93 para o método Linear, 28,47 para o método Area e 30,667 para o método Cubic, 30,046 para o método Lanczos4 e 31,797 para o método proposto, quando comparados na PSNR. Isto significa que o método proposto em termos de PSNR é melhor do que os outros métodos comparados.

Tabela 3.9.

Comparação do PSNR com base num conjunto de dados de imagens locais

Nomes de imagens	**Mais próximo**	**Linear**	**Área**	**Cúbico**	**Lanczos 4**	**Proposta**
Muhammad al-Khwarizmi	26.522	30.79	29.870	34.422	34.434	34.659
Amir Temur	22.120	25.460	25.080	26.831	26.088	28.155
TUIT	25.201	28.350	28.130	29.041	28.116	30.511
Torre de televisão de Tashkent	27.840	31.120	30.800	32.374	31.546	33.862
Média	**25.421**	**28.930**	**28.470**	**30.667**	**30.046**	**31.797**

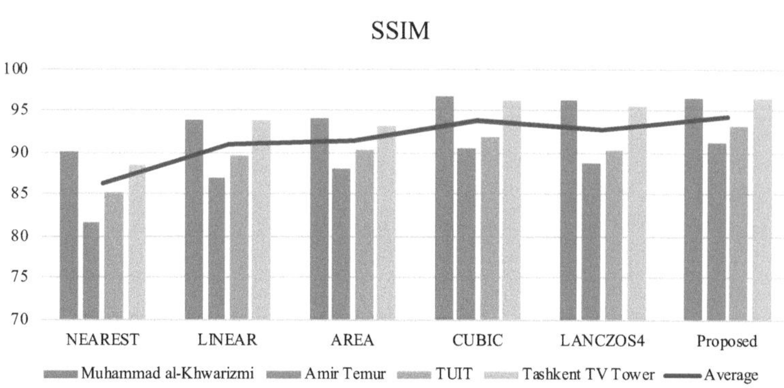

Os resultados da comparação de imagens locais entre o método proposto e outros métodos no SSIM são apresentados na Figura 3.20. As representações quantitativas de quatro imagens locais selecionadas com

cinco métodos de interpolação alternativos (Nearest, Linear, Area, Cubic e Lanczos4) obtidas no SSIM são apresentadas na Tabela 3.10.

Figura 3.20. Comparação dos resultados experimentais das imagens locais no SSIM

Os resultados da comparação global de imagens locais entre o método proposto e outros métodos em termos de MSE, RMSE, PSNR e SSIM são apresentados na Figura 3.21. As representações quantitativas globais de quatro imagens locais selecionadas com cinco métodos de interpolação alternativos (Nearest, Linear, Area, Cubic e Lanczos4) obtidas em MSE, RMSE, PSNR e SSIM são apresentadas na Tabela 3.11.

Tabela 3.10.

Comparação do SSIM com base num conjunto de dados de imagens locais

Nomes de imagens	Mais próximo	Linear	Área	Cúbico	Lanczos4	Proposta
Muhammad al-Khwarizmi	89.951	93.830	94.110	96.682	96.368	96.547
Amir Temur	81.624	86.850	88.160	90.538	88.621	91.262
TUIT	85.137	89.560	90.270	91.836	90.223	93.166
Torre de televisão de Tashkent	88.393	93.770	93.220	96.172	95.586	96.489
Média	**86.276**	**91.000**	**91.440**	**93.807**	**92.700**	**94.366**

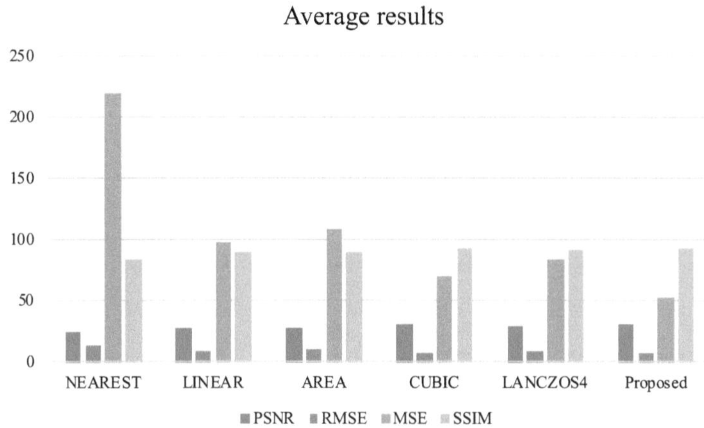

Figura 3.21. Comparação dos resultados experimentais das imagens locais em termos de PSNR, RMSE, MSE e SSIM

Como se pode ver na Figura 3.21 e na Tabela 3.11, o valor médio de 25,421, 14,091, 211,79, 86,276 mostra a PSNR, RMSE, MSE, SSIM respetivamente para o método Nearest, o valor médio de 28,93, 9,452, 96,17, 91 mostra a PSNR, RMSE, MSE, SSIM respetivamente para o método Linear, o valor médio de 28.47, 9.94, 105.8, 91.44 mostra a PSNR, RMSE, MSE, SSIM respetivamente para o método Area, o valor médio 30.667, 7.899, 69.270, 93.807 mostra a PSNR, RMSE, MSE, SSIM respetivamente para o método Cubic, o valor médio 30.046, 8.564, 82.341, 92.700

Tabela 3.11.

Comparação de MSE, RMSE, PSNR e SSIM com base num conjunto de dados de imagens locais

Parâmetros	**Mais próximo**	**Linear**	**Área**	**Cúbico**	**Lanczos4**	**Proposta**
PSNR	25.421	28.930	28.470	30.667	30.046	31.797

]

RMSE	14.091	9.452	9.940	7.899	8.564	6.864
MSE	211.790	96.170	105.800	69.270	82.341	51.550
SSIM	86.276	91.000	91.440	93.807	92.700	94.366

mostra a PSNR, RMSE, MSE, SSIM respetivamente para o método Lancsoz4 e o valor médio 31,797, 6,864, 51,550, 94,366 mostra a PSNR, RMSE, MSE, SSIM respetivamente para o método proposto. Isto significa que o método proposto nos quatro métodos de estimativa é melhor do que os outros cinco métodos comparados.

Um exemplo de um resultado de comparação de imagem local é apresentado na Figura 3.22.

a) b) c)

Figura 3.22. Exemplo de comparação obtida numa imagem local

Como se pode ver na Figura 3.22, é apresentada uma comparação da imagem denominada Amir Temur, que faz parte do conjunto de dados de imagens locais. Aqui (a) representa a imagem original, (b) o resultado obtido com base no método cúbico, que é considerado o melhor entre os métodos de interpolação, e (c) o resultado obtido com base no método proposto. Na comparação das imagens, a imagem (c) obtida com base no método proposto apresenta um resultado próximo ao da imagem original (a). Isto significa que o método proposto é melhor do que os outros cinco métodos comparados.

§3.3. Desenvolvimento de um complexo semi-autónomo de busca e salvamento e sua implementação na deteção humana

Esta secção apresenta o processo de conceção e desenvolvimento do complexo de busca e salvamento e também a avaliação do desempenho da implementação da deteção de pessoas do complexo de busca e salvamento desenvolvido. O complexo de busca e salvamento proposto é constituído por um robô de busca e salvamento e pelo seu controlo remoto [74]. Durante o estudo, foram desenvolvidos dois protótipos do complexo de busca e salvamento.

O primeiro protótipo de robô de busca e salvamento. O primeiro protótipo [78] é constituído pelos seguintes componentes: Servo motor; Câmara USB; Motor DC; Módulo de driver de motor; Motor de passo; Matrizes de transístores Darlington; Sensor ultrassónico; Raspberry Pi 3 Modelo B+; Arduino Mega, e bateria LiPo.

Servomotor. Os servomotores são normalmente utilizados na robótica e em várias outras aplicações [88, 153, 154]. Estes motores são fáceis de controlar a sua rotação. Os servomotores têm um veio de saída com engrenagens que pode ser controlado eletricamente para rodar um grau de cada vez. Neste robô (robô de busca e salvamento) são utilizados 4 servomotores (SG90).

Câmara USB. O controlo da visão é utilizado para o processo de busca e salvamento [101, 155, 156]. Este sistema utiliza uma câmara USB como controlador de visão. A câmara é constituída por um módulo de 5MP com um alcance de focagem de 10 cm, capaz de captar imagens fixas e vídeo. O módulo pode captar imagens com uma resolução de 640 x 480 pixéis, com uma imagem máxima de 30 FPS. A câmara utiliza uma interface de comunicação USB 2.0.

Motor de corrente contínua. Um motor CC (motor de corrente contínua) é um dos tipos mais comuns de motor que converte energia eléctrica de corrente contínua em energia mecânica. Os motores DC mais comuns baseiam-se nas forças produzidas pelos campos magnéticos. Os motores de corrente contínua têm dois cabos, um positivo e um negativo. Se estes dois cabos estiverem ligados diretamente a uma bateria, o motor roda. Se os dois cabos forem trocados, o motor roda na direção oposta.

Módulo de acionamento do motor. No complexo de robots multifuncionais de busca e salvamento são utilizados diferentes tipos de motores. O módulo de controlo de motores L298N é um controlador de motores de alta potência para controlar motores CC e motores de passo. O módulo pode controlar até 4 motores CC, ou 2 motores CC com controlo direcional e de velocidade. Neste sistema, o módulo de controlo de motores L298N é utilizado para controlar 4 motores CC. O módulo utiliza o popular IC de controlo de motores L298 e tem um regulador de 5V integrado que pode alimentar um circuito externo.

Motor passo a passo. Um motor de passo é um dos tipos de motor que converte impulsos eléctricos em movimentos mecânicos discretos. O sistema robótico multifuncional de busca e salvamento utiliza o 28BYJ-48 como motor de passo. O motor é ligado à placa de controlo ULN2003A. Existe uma biblioteca de passo incorporada na plataforma

Arduino que nos permite controlar o motor de passo 28BYJ-48 com a placa de controlo ULN2003A.

Matrizes de transístores Darlington. O ULN2003 é um controlador de relé que consiste num CI de matriz Darlington. O controlador combina sete pares Darlington de colectores abertos com o emissor comum. O driver ULN2003A tem a capacidade de lidar com sete relés diferentes ao mesmo tempo. Existem dois transístores bipolares num único par Darlington. O par Darlington funciona numa gama de corrente de 500mA a 600mA.

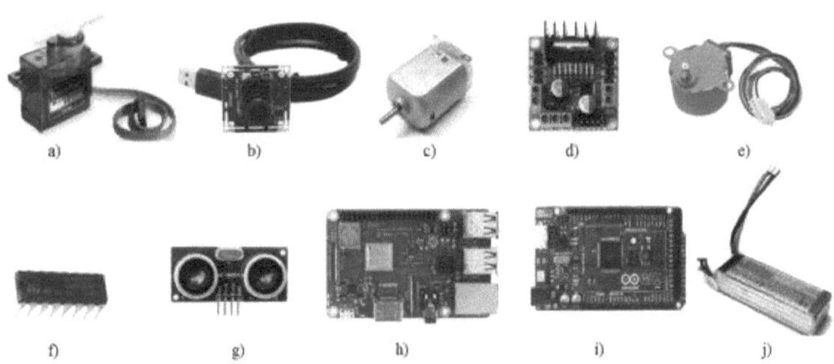

Figura 3.23. Componentes essenciais do primeiro protótipo de robô de busca e salvamento: (a) Servomotor; (b) Câmara USB; (c) Motor CC; (d) Módulo de controlo do motor; (e) Motor de passo; (f) Matrizes de transístores Darlington; (g) Sensor ultrassónico; (h) Raspberry Pi 3 Modelo B+; (i) Arduino Mega; e (j) Bateria LiPo

Sensor ultrassónico. Os sensores ultra-sónicos são transdutores que convertem ondas ultra-sónicas em sinais eléctricos ou vice-versa. Os que transmitem e recebem estas ondas são designados por transceptores de ultra-sons. O princípio de funcionamento destes dispositivos é semelhante ao dos transdutores utilizados nos sistemas de radar e sonar, que avaliam os atributos de um alvo interpretando os ecos das ondas de rádio ou de som, respetivamente [153, 157]. O sistema robótico multifuncional de busca e salvamento utiliza o módulo sensor ultrassónico HC-SR04.

Raspberry Pi 3 Modelo B+. A Raspberry Pi 3 Model B+ é uma das placas mais populares da gama Raspberry Pi 3. A placa tem um processador quad-core de 64 bits que pode funcionar a 1,4 GHz, LAN sem fios de banda dupla de 2,4 GHz e 5 GHz. A placa suporta outra tecnologia de comunicação, como Bluetooth 4.2/BLE e Ethernet. A placa é utilizada para assegurar a comunicação entre o sistema multifuncional do robô de busca e salvamento e a câmara.

a) b)

Figura 3.24. O primeiro protótipo de robô de busca e salvamento:
(a) vista 3D;
(b) vista real

Arduino Mega. O Arduino Mega é fisicamente maior do que todas as outras placas Arduino e tem significativamente mais pinos digitais e analógicos. O Mega utiliza um tipo diferente de processador que permite um maior tamanho de programa e mais. A Arduino Mega 2560 é uma placa baseada num microcontrolador ATmega2560. A placa tem 54 pinos de entrada/saída digitais, 16 entradas analógicas e também inclui diferentes tipos de tecnologias, como 4 UART (portas seriais de hardware), um oscilador de cristal de 16 MHz e uma ligação USB.

Bateria LiPo. A bateria de polímero de lítio, ou mais corretamente bateria de polímero de iões de lítio (abreviada como LiPo, LIP, Li-poly, lithium-poly e outras), é uma bateria recarregável de tecnologia de iões de lítio que utiliza um eletrólito de polímero em vez de um eletrólito líquido. Neste robô é utilizada uma bateria LiPo de 12V e 2600mA/h.

O segundo protótipo de robô de busca e salvamento. O segundo protótipo [80] é constituído pelos seguintes componentes: Placa Arduino Mega Pro Mini, placa Raspberry Pi 4 modelo B, servo motor, câmara USB, módulo de driver do motor e bateria LiPo.

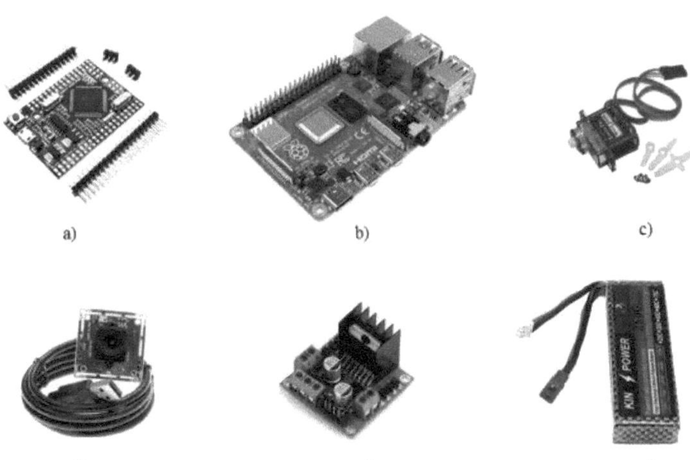

Figura 3.25. Componentes essenciais do segundo protótipo de robô de busca e salvamento: (a) Arduino Mega Pro Mini; (b) Raspberry Pi 4 Modelo B; (c) Servomotor; (d) Câmara USB; (e) Módulo de controlo do motor; e (f) Bateria LiPo

Arduino Mega Pro Mini. O Arduino Mega Pro Mini é uma das placas Arduino fisicamente mais pequenas. O Arduino Mega Pro Mini usa um tipo diferente de processador que permite maior tamanho de programa e muito mais. A placa é baseada no microcontrolador ATmega2560.

Raspberry Pi 4 modelo B. O Raspberry Pi 4 é o Raspberry Pi mais potente e com mais funcionalidades a ser lançado, uma melhoria incrível em relação às placas anteriores. A plataforma é adequada não só para a navegação na Web e o desenvolvimento de aplicações, mas também pode tornar-se o "cérebro" de um robô ou de uma casa inteligente, um centro multimédia, um nó de um sistema de computação distribuída ou um controlador industrial. A placa já tem quatro portas USB, um módulo sem fios Wi-Fi/Bluetooth e uma Gigabit Ethernet de pleno direito.

a) b)

Figura 3.26. O segundo protótipo de robô de busca e salvamento: (a) vista 3D; (b) vista real

Controlo remoto do complexo de busca e salvamento. O controlo remoto [74] é constituído pelos seguintes componentes: Arduino Mega Pro MINI; módulo Joystick; controlador Leap Motion; potenciómetro; hub USB; bateria de iões de lítio; botão de pressão; interrutor de alimentação; carregador de bateria de iões de lítio; módulo RF; USB tipo B fêmea.

Controlador Leap Motion. O controlador Leap Motion é um pequeno dispositivo periférico USB concebido para ser colocado numa secretária física, virado para cima. Também pode ser montado num auricular de realidade virtual. Utilizando duas câmaras de infravermelhos monocromáticas e três LEDs de infravermelhos, o dispositivo observa uma área aproximadamente hemisférica, a uma distância de cerca de 1 metro.

Módulo Joystick. O joystick PS2 do Arduino é um dispositivo operado com o polegar que, quando utilizado de forma criativa, oferece uma forma conveniente de obter informações do operador. Consiste fundamentalmente em dois potenciómetros e um interrutor de botão de pressão. Os dois potenciómetros indicam a direção em que o potenciómetro está a ser pressionado. O interrutor envia um sinal baixo (ou terra) quando o botão do joy stick é premido.

Potenciómetro. O potenciómetro é uma resistência variável que é utilizada para variar a tensão nos seus terminais. O potenciómetro é utilizado neste controlo remoto para rodar o sistema do robô de busca e salvamento para a direita e para a esquerda.

Hub USB. Um concentrador USB é um dispositivo que expande uma única porta Universal Serial Bus (USB) em várias, de modo a que haja mais portas disponíveis para ligar dispositivos a um sistema anfitrião, à semelhança de uma extensão eléctrica. O concentrador USB foi utilizado neste controlo remoto devido ao seu tamanho reduzido, à quantidade suficiente de portas USB e ao seu baixo custo.

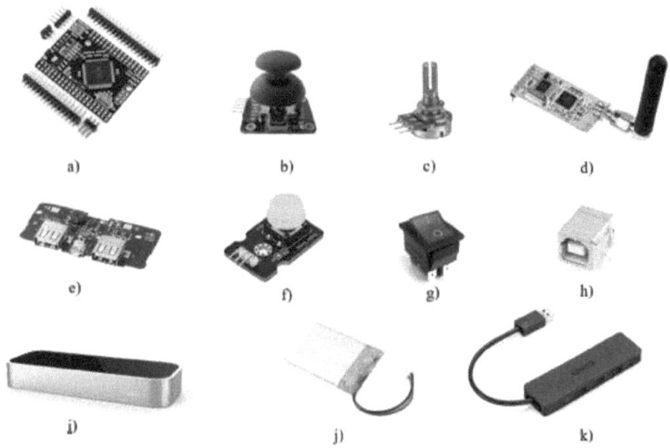

Figura 3.27. Componentes essenciais do controlo remoto do robô de busca e salvamento: (a) Arduino Mega Pro Mini; (b) Módulo Joystick; (c) Potenciómetro; (d) *Módulo RF* Servomotor; (e) Carregador de baterias de iões de lítio; (f) Botão de pressão; (g) Interruptor de alimentação; (h) Conector USB tipo B fêmea; (i) Controlador Leap Motion; (j) Bateria de iões de lítio e (k) Concentrador USB

Bateria de iões de lítio. Uma bateria de iões de lítio ou bateria de iões de lítio (abreviada como LIB) é um tipo de bateria recarregável. O controlo remoto utiliza uma bateria de iões de lítio recarregável de 3,7 V.

Botão de pressão. Um botão de pressão ou simplesmente botão é um mecanismo de comutação simples para controlar algum aspeto de uma máquina ou de um processo. Os botões são normalmente feitos de material duro, geralmente plástico ou metal. Neste controlo remoto foram utilizados dois botões para abrir e fechar o braço robótico localizado no sistema do robô de busca e salvamento.

Interruptor de potência. Em engenharia eléctrica, um interrutor é um componente elétrico que pode desligar ou ligar o caminho condutor num circuito elétrico, interrompendo a corrente eléctrica ou desviando-a de um condutor para outro.

Carregador de bateria de iões de lítio. Um carregador de bateria, ou recarregador, é um dispositivo utilizado para colocar energia numa célula secundária ou numa bateria recarregável, forçando a passagem de uma corrente eléctrica. Carregador de baterias de lítio USB que funciona entre 3,7 V e 5V [156]. Este carregador é utilizado para carregar a bateria de iões de lítio neste trabalho.

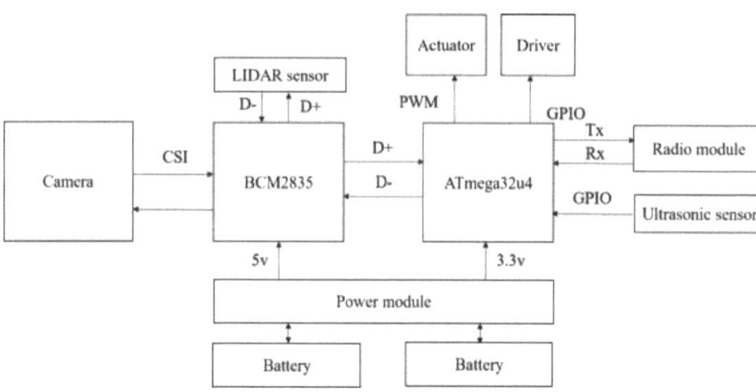

Figura 3.28. Componentes essenciais do complexo de busca e salvamento

Módulo de RF. Um módulo RF é um (normalmente) pequeno dispositivo eletrónico utilizado para transmitir e/ou receber sinais de rádio entre dois dispositivos. O principal objetivo da utilização do módulo (RF7020-27) no controlador remoto para o sistema de robô de busca e

]

salvamento é fornecer comunicação sem fios entre o controlador remoto e o sistema de robô.

Implementação da deteção humana em complexos de busca e salvamento. As catástrofes podem ser acontecimentos excepcionais e imparáveis, provocados pelo homem ou pela natureza, como o desabamento de edifícios, os terramotos, os incêndios florestais, as inundações, etc. Este facto testemunha a importância dos sistemas de robôs de busca e salvamento no domínio da emergência. No domínio da emergência, é utilizada uma variedade de tecnologias de deteção e sem fios para o controlo remoto e visual. Com a utilização destas tecnologias, as equipas de salvamento, em vez de entrarem na área em ruínas, podem controlar remotamente os sistemas de robôs de busca e salvamento quando ocorre uma calamidade natural. Estes sistemas de robôs têm a capacidade de se deslocar e monitorizar a área em ruínas em resultado de catástrofes naturais como o colapso de edifícios, terramotos, incêndios florestais e inundações.

O complexo de robôs de busca e salvamento proposto tem a capacidade de detetar seres humanos numa zona de catástrofe e de ajudar os socorristas a procurar e a mostrar, remotamente, a partir de longe. Para implementar o complexo de robôs de busca e salvamento proposto, foi desenvolvido um algoritmo de deteção humana baseado na inteligência artificial, utilizando o método HOG e Haar em cascata.

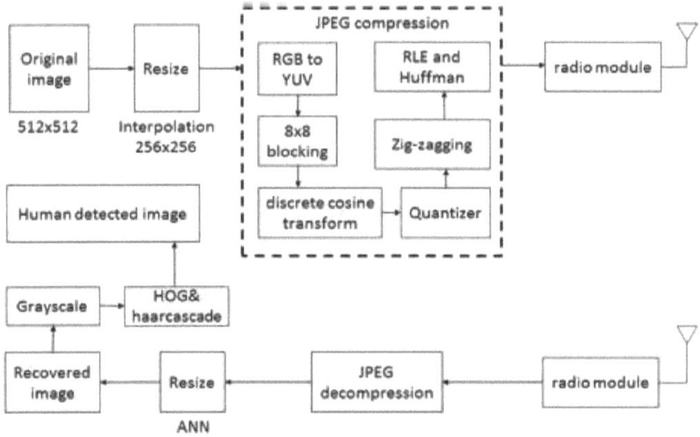

Figura 3.29. Algoritmo de deteção humana baseado em inteligência artificial.

Cascatas de Haar. É um algoritmo de deteção de objectos utilizado para identificar rostos numa imagem ou num vídeo em tempo real. O algoritmo utiliza caraterísticas de deteção de bordas ou linhas propostas em [158]. O algoritmo de deteção humana baseado em inteligência artificial desenvolvido é apresentado na Figura 3.29.

Como mostra a Figura 3.29, inicialmente o complexo de busca e salvamento captura a imagem em tempo real. Em seguida, a imagem capturada é redimensionada pelo método de interpolação. Consequentemente, a imagem redimensionada é comprimida utilizando o método de compressão JPEG. Em seguida, a imagem comprimida é enviada pelo módulo de rádio.

No lado do recetor, o módulo de rádio do recetor recebe uma imagem comprimida. De seguida, a imagem comprimida é descomprimida. Depois disso, a imagem descomprimida é redimensionada e recuperada pela ANN. De seguida, a imagem

]

recuperada é escalada a cinzento. A imagem seguinte com escala de cinzentos é submetida ao processo HOG e Haarcascade. Finalmente, é criada uma imagem detectada por humanos.

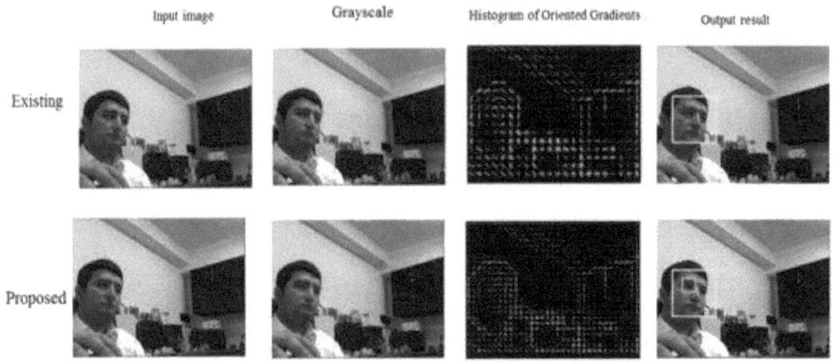

Figura 3.30. Deteção de rostos e olhos em tempo real

Como se pode ver na Figura 3.30, tanto o método existente como o proposto detectam um rosto humano. No entanto, o método proposto detecta não só o rosto mas também o olho. A Figura 3.31 mostra outra imagem humana detectada em tempo real.

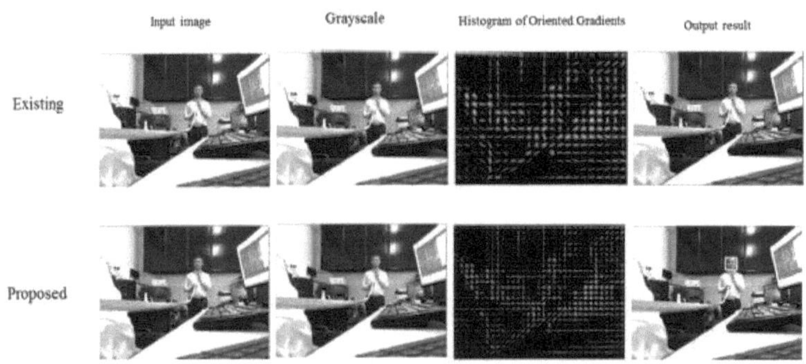

Figura 3.31. Imagem humana detectada em tempo real

Como se pode ver na Figura 3.31, o método existente não consegue detetar um humano a uma distância maior, mas o método proposto detecta um humano. Como mostra a figura, foram efectuadas medições para

]

verificar a que distância o método consegue detetar um ser humano.

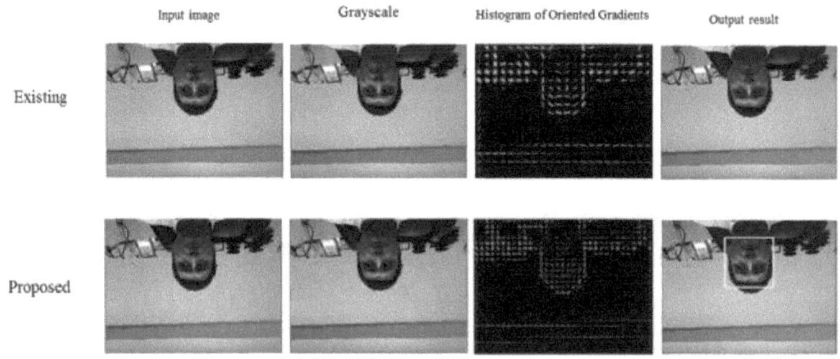

Figura 3.32. Deteção humana em tempo real a partir de uma imagem rodada

Como se pode ver na Figura 3.32, o método existente não consegue detetar um humano a partir da imagem rodada, mas o método proposto detecta um humano a partir da imagem rodada.

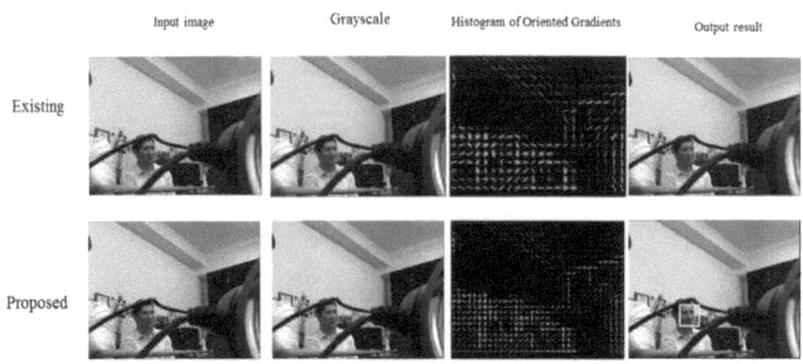

Figura 3.33. Deteção humana em tempo real a partir de uma imagem aproximada

Como mostra a Figura 3.33, há linhas pretas na imagem, o que faz com que a imagem seja rugosa. Por conseguinte, o método existente não consegue detetar um humano a partir da imagem rugosa, mas o método proposto detecta um humano a partir da imagem rugosa.

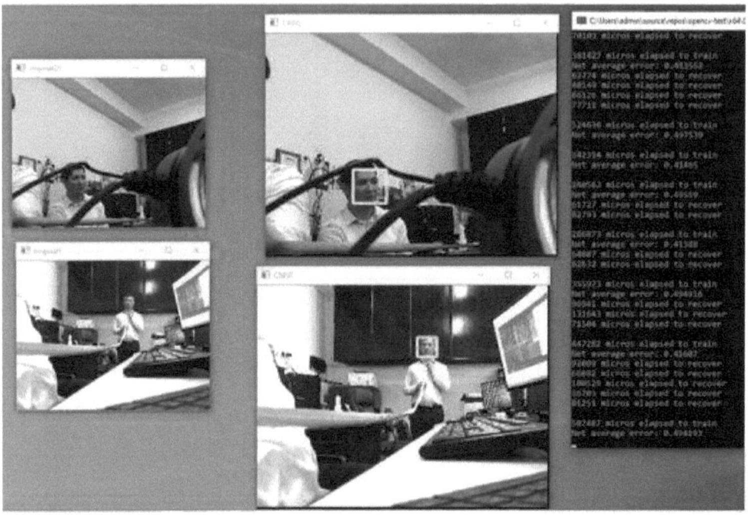

Figura 3.34. Deteção humana em tempo real a partir de uma distância maior e de uma imagem aproximada

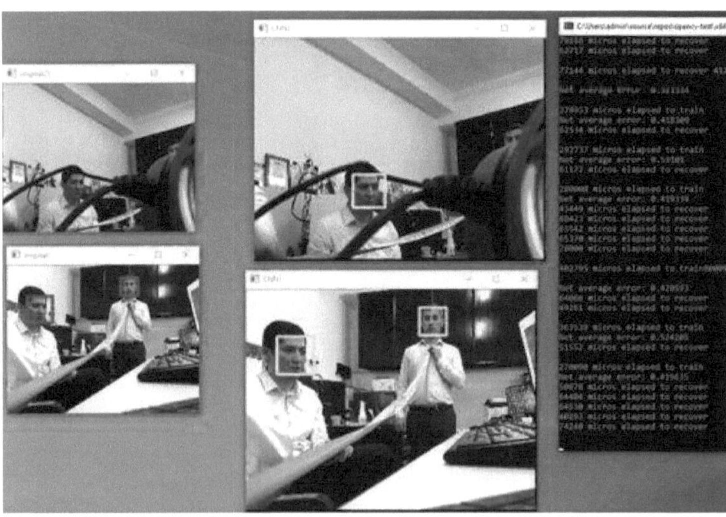

Figura 3.35. Deteção humana em tempo real a uma distância mais

próxima (2,36 m)

Como se pode ver na Figura 3.35, tanto o método existente como o proposto detectam um ser humano a 2,36 m de distância.

Figura 3.36. Deteção humana em tempo real a maior distância (3,6 m)

Como se pode ver na Figura 3.36, o método existente não consegue detetar um humano a uma distância maior (3,6 m), mas o método proposto detecta um humano.

Figura 3.37. Resultados da deteção de pessoas em tempo real

A figura 3.37 descreve imagens de pessoas detectadas em tempo real com base no método proposto. Como se pode ver na figura, a deteção do rosto, dos olhos e das mãos é possível quando se realiza o processo de deteção humana com base no método proposto.

Tabela 3.12.

Comparação do método de deteção de pessoas proposto com o método existente em termos de distância e ângulo

Método	Detetar o alcance na distância	Detetar o alcance do ângulo
Existente	2.36 m	$[-20^o; 20^o]$
Proposta	3.6 m	$[-20^o; 20^o]$, $[70^o; 110^o]$, $[160^o; 200^o]$, $[250^o; 290^o]$

O quadro 3.12 descreve a comparação do método de deteção de pessoas proposto com o método existente em termos de distância e ângulo. Como se pode ver na tabela, o método existente pode efetuar a deteção de rostos, de olhos e de mãos até 2,36 m de distância e $[-20°; 20°]$ ângulo. O método proposto pode efetuar a deteção de faces, de olhos e de mãos até 3,6 m de distância e ângulo. $[-20°; 20°]$, $[70°; 110°]$, $[160°; 200°]$, $[250°; 290°]$ ângulo.

Conclusão do terceiro capítulo

1. O algoritmo de redimensionamento de imagens baseado em RNA para o complexo de busca e salvamento é desenvolvido e explicado. São propostas duas versões do modelo de redimensionamento de imagens. Os modelos matemáticos das duas versões do método proposto são explicados por equações matemáticas. As funções de ativação ReLU e Sigmoid foram utilizadas no desenvolvimento dos modelos matemáticos do algoritmo de redimensionamento de imagens baseado em RNA para o complexo de busca e salvamento.

2. O método proposto de redimensionamento de imagens baseado em RNA foi implementado no Microsoft C++ Compiler (MSVC) 2019 utilizando a linguagem de programação C++ e todas as experiências foram realizadas num PC com CPU de 3,20 GHz e 64 GB de RAM. A base de dados de imagens USC-SIPI mais popular e publicamente disponível, que originalmente fornece milhares de imagens digitalizadas em vários tamanhos, como 256x256 pixéis, 512x512 pixéis ou 1024x1024 pixéis. A base de dados está dividida em volumes com base no carácter básico das imagens. Todas as imagens têm 8 bits/pixel para imagens a preto e branco e 24 bits/pixel para imagens a cores. A base de dados está dividida em texturas, imagens aéreas, imagens diversas e sequências. Também é criado um conjunto de dados local. Estes conjuntos de dados são utilizados para

]

avaliar a capacidade dos métodos de redimensionamento de imagens na deteção de seres humanos. O método de redimensionamento de imagens proposto é implementado em Visual Studio Code utilizando a linguagem de programação Python.

3. O método de redimensionamento de imagens proposto efectuou comparações quantitativas e qualitativas com 13 métodos alternativos. Os valores de estimativa MSE, RMSE, PSNR e SSIM são calculados para avaliar o desempenho do método proposto e de outros métodos alternativos. O método proposto de redimensionamento da imagem com base numa rede neural artificial (RNA) foi comparado com 13 métodos alternativos utilizando a base de dados de imagens USC-SIPI, e o rácio entre o sinal útil da imagem e o ruído melhorou 3,5%, o erro quadrático médio diminuiu 6,7%, a qualidade da imagem aumentou 5%, a taxa de erro da imagem diminuiu 2,8%.

4. São desenvolvidos dois protótipos do complexo de busca e salvamento e é apresentada uma avaliação do desempenho da implementação da deteção humana do complexo de busca e salvamento desenvolvido. O complexo de busca e salvamento proposto é constituído por um robô de busca e salvamento e pelo seu controlo remoto. Para implementar o complexo de robôs de busca e salvamento proposto, é desenvolvido um algoritmo de deteção humana baseado na inteligência artificial, utilizando o método de cascatas HOG e Haar. No método proposto de deteção humana com base na inteligência artificial, a distância de deteção de pessoas em situações de emergência aumentou 1,5 vezes e a probabilidade de deteção aumentou 4 vezes. Como resultado, o âmbito da identificação de pessoas em situações de emergência foi alargado em conformidade.

CONCLUSÃO

As seguintes conclusões foram obtidas durante a investigação sobre o tema "Redimensionamento de imagens com recurso à inteligência artificial":

1. Com base no processamento de sinais de imagem digital é desenvolvido o equipamento de rádio de densificação.

2. Com a ajuda da inteligência artificial, foi desenvolvido um dispositivo de radiotécnica que aumenta a eficácia da transmissão devido à redução da largura de banda. Através da transmissão de sinais de rádio digitais a uma frequência de 433014 kHz, é possível efetuar uma monitorização contínua por rádio nas zonas perigosas existentes.

3. O painel de controlo, os periféricos, os módulos tácteis, o método de deteção humana baseado na inteligência artificial e um conjunto prático de hardware servem para a vigilância vídeo contínua. O complexo desenvolvido servirá para testes específicos em situações de emergência.

4. O método proposto de redimensionamento da imagem baseado numa rede neural artificial (RNA) foi comparado com 13 métodos alternativos utilizando a base de dados de imagens USC-SIPI, e o rácio entre o sinal útil da imagem e o ruído melhorou 3,5%, o erro quadrático médio diminuiu 6,7%, a qualidade da imagem aumentou 5%, a taxa de erro da imagem diminuiu 2,8%.

5. O método de deteção humana desenvolvido para o complexo de busca e salvamento baseado em inteligência artificial proposto foi comparado com os métodos existentes, com um desempenho superior em termos de distância e ângulo de deteção.

6. No método proposto de deteção de pessoas com base na inteligência artificial, a distância de deteção de pessoas em situações de

emergência aumentou 1,5 vezes e a probabilidade de deteção aumentou 4 vezes. Consequentemente, o âmbito da identificação de pessoas em situações de emergência foi alargado em conformidade.

REFERÊNCIAS

1. A. Alarabeyyat, S. Al-Hashemi, T. Khdour, M. Hjouj Btoush, S. Bani-Ahmad, R. Al-Hashemi, S. Bani-Ahmad, "Lossless Image Compression Technique Using Combination Methods". Jornal de Engenharia de Software e Aplicações, Vol.5 No.10, 2012, 752-763

2. M. Omari e S. Yaichi, "Image Compression Based on Mapping Image Fractals to Rational Numbers", em IEEE Access, vol. 6, pp. 47062-47074, 2018, doi: 10.1109/ACCESS.2018.2865784.

3. A. Peng, S. Luo, H. Zeng e Y. Wu, "Median Filtering Forensics Using Multiple Models in Residual Domain", em IEEE Access, vol. 7, pp. 28525-28538, 2019, doi: 10.1109/ACCESS.2019.2897761.

4. J. Zhao, P. An, X. Huang, C. Yang e L. Shen, "Compressão de imagem de campo de luz via super-resolução EPI baseada em CNN e aprimoramento de qualidade do lado do decodificador", em IEEE Access, vol. 7, pp. 135982-135998, 2019, doi: 10.1109/ACCESS.2019.2930644.

5. J. Lin, "A New Perspective on Improving the Lossless Compression Efficiency for Initially Acquired Images", em IEEE Access, vol. 7, pp. 144895-144906, 2019, doi: 10.1109/ACCESS.2019.2944658.

6. H. Zhao, M. He, G. Teng, X. Shang, G. Wang e Y. Feng, "A CNN-Based Post-Processing Algorithm for Video Coding Efficiency Improvement", em IEEE Access, vol. 8, pp. 920-929, 2020, doi: 10.1109/ACCESS.2019.2961760.

7. C. Wang, T. Li, J. Ni e Q. Huang, "A New MRF-Based Lossy Compression for Encrypted Binary Images", em IEEE Access, vol. 8, pp. 11328-11341, 2020, doi: 10.1109/ACCESS.2019.2963170.

8. Osama F. AbdelWahab, Aziza I. Hussein, Hesham F.A. Hamed, Hamdy M. Kelash, Ashraf A.M. Khalaf, Combinação eficiente de técnicas

de esteganografia de criptografia RSA, compressão com e sem perdas para ocultar dados, Procedia Computer Science, Volume 182, 2021, Páginas 5-12, ISSN 1877-0509, https://doi.org/10.1016/j.procs.2021.02.002.

9 . Karri Chiranjeevi, Uma Ranjan Jena, compressão de imagem baseada em quantização vetorial usando a técnica de otimização de pesquisa de cuco, Ain Shams Engineering Journal, Volume 9, Edição 4, 2018, Páginas 1417-1431, ISSN 2090-4479, https://doi.org/10.1016/j.asej.2016.09.009.

10. Shabila Beevi, Mariya Thomas, Madhu S. Nair, M. Wilscy, Compressão de imagens a cores sem perdas utilizando RCT de nível duplo em BBWCA, Procedia Computer Science, Volume 93, 2016, Páginas 513-520, ISSN 1877-0509, https://doi.org/10.1016/j.procs.2016.07.242

11. Annapurna Pradhan, Nibedita Pati, Suvendu Rup, Avipsa S. Panda, Lalit Kumar Kanoje, Uma análise comparativa das técnicas de compressão - A codificação esparsa e BWT, Procedia Computer Science, Volume 92, 2016, Páginas 106-111, ISSN 1877-0509, https://doi.org/10.1016/j.procs.2016.07.330

12 . Mohammed H. Rasheed, Omar M. Salih, Mohammed M. Siddeq, Marcos A. Rodrigues, Compressão de imagem baseada na Transformada Discreta de Fourier 2D e algoritmo de minimização de matriz, Array, Volume 6, 2020, 100024, ISSN 2590-0056, https://doi.org/10.1016/j.array.2020.100024

13. K.S. Kasmeera, Shine P. James, K. Sreekumar, Compressão eficiente de imagens seguras usando dados subservientes e codificação de Huffman, Procedia Technology, Volume 25, 2016, Páginas 60-67, ISSN 2212-0173, https://doi.org/10.1016/j.protcy.2016.08.081

14. Annu Sharma, Shwetank Arya, Praveena Chaturvedi, Um novo

método baseado na compressão de imagens para um sistema biométrico de impressões digitais multiespectral, Procedia Computer Science, Volume 171, 2020, Páginas 1698-1707, ISSN 1877-0509, https://doi.org/10.1016/j.procs.2020.04.182

15. Pardeep Kumar, Ashish Parmar, Versatile Approaches for Medical Image Compression: A Review, Procedia Computer Science, Volume 167, 2020, Pages 1380-1389, ISSN 1877-0509, https://doi.org/10.1016/j.procs.2020.03.349

16. Yijing Z. Watkins, Mohammad R. Sayeh, Compressão de dados de imagem e correção de erros de canal ruidoso utilizando uma rede neural profunda, Procedia Computer Science, Volume 95, 2016, Páginas 145-152, ISSN 1877-0509, https://doi.org/10.1016/j.procs.2016.09.305

17. B. Zhang, P. V. Sander, C. Tsui e A. Bermak, "Microshift: An Efficient Image Compression Algorithm for Hardware", em IEEE Transactions on Circuits and Systems for Video Technology, vol. 29, n.º 11, pp. 3430-3443, Nov. 2019, doi: 10.1109/TCSVT.2018.2880227

18. Jin Li, Zilong Liu, Efficient compression algorithm using learning networks for remote sensing images, Applied Soft Computing, Volume 100, 2021, 106987, ISSN 1568-4946, https://doi.org/10.1016/j.asoc.2020.106987

19. Jerónimo Mora Pascual, Higinio Mora Mora, Andrés Fuster Guilló, Jorge Azorín López, Método de compressão ajustável para imagens JPEG estáticas, Signal Processing: Comunicação por Imagem, Volume 32, 2015, Páginas 16-32, ISSN 0923-5965, https://doi.org/10.1016/j.image.2015.01.004

20. Yaman Dua, Ravi Shankar Singh, Kshitij Parwani, Smit Lunagariya, Vinod Kumar, Convolution Neural Network based lossy

compression of hyperspectral images, Signal Processing: Comunicação por imagem, Volume 95,2021,116255, ISSN 0923-5965, https://doi.org/10.1016/j.image.2021.116255

21. Hanaa ZainEldin, Mostafa A. Elhosseini, Hesham A. Ali, Algoritmos de compressão de imagem em redes de sensores multimédia sem fios: A survey, Ain Shams Engineering Journal, Volume 6, Issue 2, 2015, Pages 481-490, ISSN 2090-4479, https://doi.org/10.1016/j.asej.2014.11.001

22. Jassim, F. A. (2012). Método dos cinco módulos para compressão de imagens. Signal & Image Processing : An International Journal, 3(5), 19-28. https://doi.org/10.5121/sipij.2012.3502

23. Azman, N. A. N., Ali, S., Rashid, R. A., Saparudin, F. A., & Sarijari, M. A. (2019). Uma técnica preditiva híbrida para compressão de imagem sem perdas. Boletim de Engenharia Elétrica e Informática, 8(4), 1289-1296. https://doi.org/10.11591/eei.v8i4.1612

24. Shen, J. J., Yeh, C. H., & Jan, J. K. (2019). Uma nova abordagem de compressão de imagem com perdas baseada em técnicas híbridas de redimensionamento de imagem. Revista Internacional Árabe de Tecnologia da Informação, 16(2), 226-235.

25. Khan, S., Nazir, S., Hussain, A., Ali, A., & Ullah, A. (2019). Uma compressão de imagem JPEG eficiente baseada na transformada wavelet Haar, transformada discreta de cosseno e técnicas de codificação de comprimento de execução para processos de fabricação avançados. Measurement and Control (Reino Unido), 52(9-10), 1532-1544. https://doi.org/10.1177/0020294019877508

26. S. Liu, W. Bai, N. Zeng e S. Wang, "Uma compressão rápida baseada em fractais para imagens de ressonância magnética", em IEEE

Access, vol. 7, pp. 62412-62420, 2019,

doi: 10.1109/ACCESS.2019.2916934

27. J. Cai, Z. Cao e L. Zhang, "Learning a Single Tucker Decomposition Network for Lossy Image Compression With Multiple Bits-per-Pixel Rates", em IEEE Transactions on Image Processing, vol. 29, pp. 3612-3625, 2020, doi: 10.1109/TIP.2020.2963956.

28. Y. Choi, M. El-Khamy e J. Lee, "Universal Deep Neural Network Compression", em IEEE Journal of Selected Topics in Signal Processing, vol. 14, no. 4, pp. 715-726, maio de 2020, doi: 10.1109/JSTSP.2020.2975903

29 .Фозилов Ш.Х., Маҳкамов А.А. Тасвир сифатини яхшилаш усуллари ва алгоритмлари. // ТАТУ хабарлари. -Тошкент, 2008. №1. 55-58 б.

30 .Камилов М.М., Фазылов Ш.Х., Мирзаев Н.М. Построение алгоритмов распознавания на основе анализа взаимосвязанности признаков // Химическая технология. Контроль и управление. Ташкент, 2007. №5.С. 54-60.

31 .Фазылов Ш.Х., Мирзаев Н.М., Мирзаев О.Н. Построение распознающих операторов в условиях взаимосвязанности признаков. // Rádio Eletrónica, Ciência da Computação, Controlo. 2016. №1. - С. 58-63.

32 .Мирзаев Н.М., Раджабов С.С., Жумаев Т.С. О параметризации моделей алгоритмов распознавания, основанных на оценке взаимосвязанности признаков. // Проблемы информатики и энергетики. Ташкент, 2008. -№2-3. -С. 23-27.

33 .Камилов М.М., Мирзаев Н.М., Раджабов С.С. Современное состояние вопросов по-строения моделей алгоритмов

распознавания.// Химическая технология. Контроль и управление. Ташкент, 2009.№2. С.67-72.

34 .Фозилов Ш.Х., Мирзаев Н.М., Раджабов С.С., Каримов И.К. Модель распознающих операторов, основанных на принципе ближайшего соседа, в условиях взаимосвязанности признаков. // Информатика и системы управления. - Благовещенск, 2012. - №4. - С. 34-42.

35. A. Puziy, I. Gavrilov, K. Nosirov e A. Akhmedova, "Estimativa de eficiência do redimensionamento de imagens com base em transformações de interpolação", Conferência Internacional de 2019 sobre Ciências da Informação e Tecnologias da Comunicação (ICISCT), 2019, pp. 1-5, doi: 10.1109/ICISCT47635.2019.9011885.

36 .Журавлев Ю.И., Рязанов В.В., Сенько О.В. Распознавание. Математические методы. Программная система. Практические применения. М.: Фазис, 2006. -С. 159.

37 .Дунаева А.В., Корнилов Ф.А. Обнаружение и локализация строений заданной формы на аэроснимках в инфракрасном диапазоне. // Вестник ЮУрГУ. Серия: Вычислительная математика и информатика. 2017. №3. -С. 84-99.

38 .Кузнецов А.С., Семенов Е.Ю., Матросова Л.Д. Кластеризация изображений при использовании предобученных нейронных сетей. // Revista internacional de tecnologias de informação abertas. 2019. №7. -С. 42-47.

39 .Супрун Д.Е. Алгоритм сопоставления изображений по ключевым точкам при масштабируемости и вращении объектов. // Вестник МГТУ им. Н.Э. Баумана. Серия "Приборостроение". 2016. №5 (110). -С. 86-98.

]

40. Belapurkar, N., Shelke, S., & Aksanli, B. (2018). O caso da deteção do ambiente para a deteção da atividade humana. ACM International Conference Proceeding Series, 1-3. https://doi.org/10.1145/3277593.3277628

41. Deprez, K., Bastiaens, S., Martens, L., Joseph, W., & Plets, D. (2020). Deteção passiva de luz visível de seres humanos. Sensors (Switzerland), 20(7). https://doi.org/10.3390/s20071902

42. Van Groeningen, T., Driessen, H., Söhl, J., & Vôute, R. (2018). Um sensor ultra-sônico para deteção de presença humana para auxiliar o trabalho de resgate em grandes edifícios. ISPRS Annals of the Photogrammetry, Remote Sensing and Spatial Information Sciences, 4(4/W7), 135-140. https://doi.org/10.5194/isprs-annals-IV-4-W7-135-2018

43. Uddin, Z., & Islam, M. (2017). Sistema de busca e salvamento para deteção de humanos vivos por robô de resgate móvel semi-autónomo. 2016 Conferência Internacional sobre Inovações em Ciência, Engenharia e Tecnologia, ICISET 2016, (novembro), 2-7. https://doi.org/10.1109/ICISET.2016.7856489

44. Sonia, Tripathi, A. M., Baruah, R. D., & Nair, S. B. (2015). Detetor humano baseado em sensor ultrassónico usando classificadores de uma classe. Conferência Internacional do IEEE de 2015 sobre Sistemas Inteligentes Evolutivos e Adaptativos, EAIS 2015. https://doi.org/10.1109/EAIS.2015.7368797

45. Anil Kumar, K., & Dhadge, O. (2018). Um novo sistema de sensor baseado em infravermelho (IR) para deteção de presença humana em locais direcionados. Jornal Internacional de Redes de Computadores e Segurança da Informação, 10(12), 34-40.
]

https://doi.org/10.5815/ijcnis.2018.12.04

46. Shetty, A. D., Disha, Shubha, B., & Suryanarayana, K. (2018). Deteção e rastreamento de um humano usando o sensor de matriz de termopilha infravermelha - "Grid-EYE". Conferência Internacional de 2017 sobre Computação Inteligente, Instrumentação e Tecnologias de Controlo, ICICICT 2017, 2018-janeiro, 1490-1495. https://doi.org/10.1109/ICICICT1.2017.8342790

47. Miyazaki, T., & Kasama, Y. (2015). Rastreamento humano múltiplo usando sensores infravermelhos binários. Sensors (Suíça), 15(6), 13459-13476. https://doi.org/10.3390/s150613459

48. Navarro, S. E., Marufo, M., Ding, Y., Puls, S., Goger, D., Hein, B., & Worn, H. (2013). Métodos para a interação segura homem-robô utilizando sensores de proximidade tácteis capacitivos. Conferência Internacional do IEEE sobre Robôs e Sistemas Inteligentes, 1149-1154. https://doi.org/10.1109/IROS.2013.6696495

49. Arshad, A., Khan, S., Zahirul Alam, A., & Tasnim, R. (2015). Rastreamento automatizado de pessoas usando sensores capacitivos de proximidade. 2014 IEEE International Conference on Smart Instrumentation, Measurement and Applications, ICSIMA 2014, (fevereiro). https://doi.org/10.1109/ICSIMA.2014.7047438

50. Arshad, A., Khan, S., Alam, A. H. M. Z., Kadir, K. A., Tasnim, R., & Ismail, A. F. (2017). Um esquema de deteção de proximidade capacitiva para deteção de movimento humano. I2MTC 2017 - 2017 IEEE International Instrumentation and Measurement Technology Conference, Proceedings, (maio). https://doi.org/10.1109/I2MTC.2017.7969712

51. Mühlbacher-Karrer, S., Faller, L.-M., Zangl, H., Schlegl, T., & Moser, M. (2015). Sensoriamento de proximidade capacitiva de curto

]

alcance. Workshop IROS 2015 sobre Sensoriamento Alternativo para Perceção de Robôs (WASRoP)

52. Klimaszewski, Jan; Władziński, Michał. 2021. "Medição de proximidade de partes do corpo humano usando pele robótica tátil distribuída" Sensores 21, no. 6: 2138. https://doi.org/10.3390/s21062138

53. Mihai Andries. O que é a tecnologia de ponta? Inteligência Artificial [cs.AI]. Université de Lorraine, 2015. Inglês.

54. Halme, R. J., Lanz, M., Kämäräinen, J., Pieters, R., Latokartano, J., & Hietanen, A. (2018). Revisão de sistemas de segurança baseados em visão para colaboração humano-robô. Procedia CIRP, 72, 111-116. https://doi.org/10.1016/j.procir.2018.03.043

55. Francis, S. L. X., Anavatti, S. G., Garratt, M., & Shim, H. (2015). Uma câmera ToF como um sensor de visão 3D para robótica móvel autônoma. Revista Internacional de Sistemas Robóticos Avançados, 12(11). https://doi.org/10.5772/61348

56. Adamides, O. A., Modur, A. S., Kumar, S., & Sahin, F. (2019). Um sistema de deteção de proximidade no robô por tempo de voo para obter deteção humana para robôs colaborativos. Conferência Internacional do IEEE sobre Ciência e Engenharia de Automação, 2019-agosto, c. https://doi.org/10.1109/COASE.2019.8842875

57. Kim, K. S., & Sentis, L. (2017). Metodologia de reconhecimento e deteção multicontacto de partes do corpo humano. Proceedings - IEEE International Conference on Robotics and Automation, 1908-1915. https://doi.org/10.1109/ICRA.2017.7989222

58. Wang, W., Liu, P., Ying, R., Wang, J., Qian, J., Jia, J., & Gao, J. (2019). Um método de estimativa de fluxo e deteção humana de alta eficiência computacional baseado em medições TOF. Sensores (Suíça),

19(3). https://doi.org/10.3390/s19030729

59. Beyl, T., Nicolai, P., Comparetti, M. D., Raczkowsky, J., De Momi, E., & Wörn, H. (2016). Deteção de pessoas com base na câmara Kinect assistida por tempo de voo para uma cooperação intuitiva entre robôs humanos na sala de operações cirúrgicas. Jornal Internacional de Radiologia e Cirurgia Assistidas por Computador, 11(7), 1329-1345. https://doi.org/10.1007/s11548-015-1318-7

60. Joshi, R., Poudel, P. C., & Bhandari, P. (2014). Um sistema robótico autónomo incorporado para deteção de corpo humano vivo e operação de resgate. Revista Internacional de Publicações Científicas e de Investigação, 4(5), 1-4.

61. Yun, J., & Lee, S. S. (2014). Deteção e identificação do movimento humano usando sensores infravermelhos piroeléctricos. Sensors (Suíça), 14(5), 8057-8081. https://doi.org/10.3390/s140508057

62. Wen, S., Wang, S., Zhang, Z. S., Zhang, X., & Zhang, D. (2019). Deteção de humanos andando usando câmera estéreo com base no algoritmo de classificação de recursos do segundo erro de reprojeção. Frontiers in Neurorobotics, 13(dezembro). https://doi.org/10.3389/fnbot.2019.00105

63. Nguyen, D. T., Li, W., & Ogunbona, P. O. (2016). Deteção humana a partir de imagens e vídeos: A survey. Pattern Recognition, 51, 148-175. https://doi.org/10.1016/j.patcog.2015.08.027

64. Minh Dang, L., Min, K., Wang, H., Jalil Piran, M., Hee Lee, C., & Moon, H. (2020). Reconhecimento da atividade humana baseado no sensor e na visão: A comprehensive survey. Pattern Recognition, 108(agosto), 107561. https://doi.org/10.1016/j.patcog.2020.107561

65. Raghavachari, C., Aparna, V., Chithira, S., & Balasubramanian,

V. (2015). Um estudo comparativo das técnicas de deteção humana baseadas na visão em aplicações de contagem de pessoas. Procedia Computer Science, 58, 461-469. https://doi.org/10.1016/j.procs.2015.08.064

66. Gajjar, Y. Khandhediya e A. Gurnani, "Human Detection and Tracking for Video Surveillance: A Cognitive Science Approach," 2017 IEEE International Conference on Computer Vision Workshops (ICCVW), Veneza, Itália, 2017, pp. 2805-2809, doi: 10.1109/ICCVW.2017.330.

67. Hussain, Z., Sheng, Q.Z., & Zhang, W. (2019). Diferentes abordagens para o reconhecimento da atividade humana: A Survey. ArXiv, abs/1906.05074.

68. Gotovac, S., Zelenika, D., Marušić, Ž., & Božić-štulić, D. (2020). Deteção de pessoa baseada em visual para busca e resgate com uas: Humanos vs. algoritmo de aprendizado de máquina. Sensoriamento Remoto, 12(20), 1-25. https://doi.org/10.3390/rs12203295

69. Paul, M., Haque, S. M. E., & Chakraborty, S. (2013). Deteção humana em vídeos de vigilância e suas aplicações - uma revisão. Eurasip Journal on Advances in Signal Processing, 2013(1), 1-16. https://doi.org/10.1186/1687-6180-2013-176

70. Vasilyev, I., Kashourina, A., Krasheninnikov, M., & Smirnova, E. (2015). Uso de grupos de robôs móveis para missões de resgate em condições climáticas extremas. Procedia Engineering, 100(janeiro), 1242-1246. https://doi.org/10.1016/j.proeng.2015.01.489

71. Rahman, M. A., Azad, S., Asyhari, A. T., Bhuiyan, M. Z. A., & Anwar, K. (2018). Collab-SAR: uma missão colaborativa de busca e resgate de avalanches explorando redes alpinas hostis. IEEE Access, 6(c),

42094-42107. https://doi.org/10.1109/ACCESS.2018.2848366

72. Queralta, J. P., Taipalmaa, J., Can Pullinen, B., Sarker, V. K., Nguyen Gia, T., Tenhunen, H., ... Westerlund, T. (2020). Busca e resgate colaborativo de vários robôs: Planejamento, coordenação, perceção e visão ativa. IEEE Access, 8, 191617-191643. https://doi.org/10.1109/access.2020.3030190

73. Niroui, F., Zhang, K., Kashino, Z., & Nejat, G. (2019). Robô de aprendizagem por reforço profundo para aplicações de busca e salvamento: Exploração em ambientes desordenados desconhecidos. IEEE Robotics and Automation Letters, 4(2), 610-617. https://doi.org/10.1109/LRA.2019.2891991

74. Nosirov Kh., Begmatov Sh., Arabboev M. Controlo remoto integrado de deteção analógica e movimento Leap para sistema de robô de busca e salvamento. // Conferência Internacional de aplicações, tendências e oportunidades da ciência da informação e das tecnologias da comunicação ICISCT 2020. 4-6 de novembro de 2020, 1-5. Tashkent, Uzbequistão.

75. Mohamed, S. C., Rajaratnam, S., Hong, S. T., & Nejat, G. (2020). Person Finding: Um método de pesquisa de robô autônomo para encontrar vários usuários dinâmicos em ambientes centrados no homem. IEEE Transactions on Automation Science and Engineering, 17(1), 433-449. https://doi.org/10.1109/TASE.2019.2928774

76. Kashino, Z., Nejat, G., & Benhabib, B. (2018). Uma estratégia híbrida para busca de alvos usando sensores estáticos e móveis. IEEE Transactions on Cybernetics, 1-13. https://doi.org/10.1109/TCYB.2018.2875625

77. Jair Feldens Ferrar. (2019). Um Estudo de Problemas de

Planejamento Ótimo de Operações de Busca e Salvamento. (dezembro), 22-28. Recuperado de https://spectrum.library.concordia.ca/986413/1/Ferrari_PhD_S2020.pdf

78. Nosirov Kh.Kh., Shaxobiddinov A.Sh., Arabboev M.M., Begmatov Sh.A., Togaev O.T. Robô de busca e salvamento multifuncional especialmente concebido. // Boletim da TUIT: Revista técnico-científica de Tecnologias de Gestão e Comunicação. 2019, Volume 2, Edição 1. Tashkent, -2019. -p. 1-5

79. Din, A., Jabeen, M., Zia, K., Khalid, A., & Saini, D. K. (2018). Busca e resgate robótico de enxame baseado em comportamento usando controlador fuzzy. Computadores e Engenharia Elétrica, 70(abril 2017), 53-65. https://doi.org/10.1016/j.compeleceng.2018.06.003

80. Begmatov Sh.A., Gulomov F.Dj. Conceção de um modelo de robô semi-autónomo de busca e salvamento. // Revista científico-prática e de informação-analítica dos descendentes de Muhammad al-Khwarizmi. 4(14). Tashkent, -2020. -p. 89-92

81. Delmerico, J., Mintchev, S., Giusti, A., Gromov, B., Melo, K., Horvat, T., ... Scaramuzza, D. (2019). O estado atual e as perspectivas futuras da robótica de resgate. Journal of Field Robotics, 36(7), 1171-1191. https://doi.org/10.1002/rob.21887

82. Queralta, J. P., Taipalmaa, J., Pullinen, B. C., Sarker, V. K., Gia, T. N., Tenhunen, H., ... Westerlund, T. (2020). Sistemas colaborativos de vários robôs para busca e resgate: Coordenação e Perceção. ArXiv, (c), 1-28.

83. Nosirov Kh.Kh., Arabboev M.M., Begmatov Sh.A. A survey on modern search and rescue robot projects. // Revista científico-prática e de informação-analítica dos descendentes de Muhammad al-Khwarizmi.

4(14). Tashkent, -2020. -p. 115-118

84. Arabboev M.M., Abdulxayev N.M., Begmatov SH.A. O desenvolvimento da mecatrónica, o seu estado atual e futuro. // Таълим, фан ва ишлаб чиқариш интеграциясида инновацион технологияларни қўллаш-мамлакат тараққиётининг муҳим омили мавзусидаги XV республика илмий-амалий конференцияси материаллари. VI қисм. Самарқанд-2018. -P. 8-10

85. Arabboev M.M., Abdulkhaev N.M., Begmatov SH.A. O papel da mecatrónica nas tecnologias de informação, o seu estado atual e futuro. // Материалы XXIII Международной научно-технической конференции "Современные средства связи". 18-19 октябрь 2018. Минск, Беларусь. -р. 129-130

86. Arabboev M.M., Abdulxayev N.M., Begmatov SH.A., Nuraddinov U.B. O papel da robótica nas tecnologias modernas, seu estado atual e futuro. Ахборот коммmуникация технологиялари ва дастурий таъминот яратиш XIV илмий-амалий конференцияси материаллари тўплами. Самарқанд-2019. -Р. 283 285

87. Nosirov Kh.Kh., Arabboev M.M., Begmatov Sh.A. Robôs de salvamento e suas aplicações. // "Europa, Ciência e Nós". Actas da Conferência Internacional. Praha-2020. -P. 187-188

88. Shakhobiddinov A.Sh., Nosirov Kh.Kh., Arabboev M.M., Begmatov Sh.A. Um braço robótico baseado em sensores para robôs de salvamento. // "Ciência de ponta". Actas de conferências internacionais científicas e práticas. Parte II. Shawnee-2020. -P. 110-111

89. Nosirov Kh.Kh., Arabboev M.M., Begmatov Sh.A. Review on modern search and rescue robot projects // Actas da Conferência Científica Internacional Multidisciplinar Online sobre

"Desenvolvimentos Recentes em Ciências Sociais, Humanidades, Filologia e Psicologia". Índia-2020. -P. 173-175

90. Abdulla Al Hmoudi. (2020). Robótica para alerta e resposta a catástrofes nos Emirados Árabes Unidos. Journal of Environmental Science and Engineering B, 9(5), 215-221. https://doi.org/10.17265/2162-5263/2020.05.007

91. R.R. Murphy, S. Stover: Análise de lacunas para robôs de resgate. In: ANS 2006: Sharing Solutions for Emergencies and Hazardous Environments (Sociedade Nuclear Americana, LaGrange Park 2006)

92. Schienoff, C., & Messina, E. (2005). A Robot Ontology for Urban Search and Rescue. KRAS'05 - Proceedings of the 2005 ACM Workshop on Research in Knowledge Representation for Autonomous Systems, 27-34. https://doi.org/10.1145/1096961.1096965

93. Murphy R. R., Tadokoro S., Kleiner A. Disaster robotics //Springer Handbook of Robotics. - Springer, Cham, 2016. - pp. 1577-1604.

94. Ning, M., Xue, B., Ma, Z., Zhu, C., Liu, Z., Zhang, C., ... Zhang, Q. J. (2017). Projeto, análise e experimento para robô de resgate com estrutura com pernas de roda. Problemas Matemáticos em Engenharia, 2017. https://doi.org/10.1155/2017/5719381

95. Zhu, L., Liu, G., Zhao, Y., Liu, C., Jiang, M., & Li, X. (2017). Projeto do sistema de controle de movimento do robô de resgate baseado no ARM. Actas - Conferência Internacional de 2017 sobre Tecnologia Informática, Eletrónica e Comunicação, ICCTEC 2017, 1183-1186. https://doi.org/10.1109/ICCTEC.2017.00257

96. Nosirov Kh.Kh., Arabboev M.M., Begmatov Sh.A. Unmanned Ground Vehicle and its areas of application. // Actas da Conferência

Internacional sobre "Avanços em Ciências Sociais, Humanidades, Tecnologias da Educação e Comunicação (ASSHETC)". Índia-2020. -P. 4-6

97. Luo, M., Yan, R., Wan, Z., Qin, Y., Santoso, J., Skorina, E. H., & Onal, C. D. (2018). OriSnake: Projeto, fabricação e análise experimental de um robô cobra de origami 3-D. IEEE Robotics and Automation Letters, 3(3), 1993-1999. https://doi.org/10.1109/LRA.2018.2800112

98. Wang, X., & Yang, X. (2019). Projeto de estrutura de um robô em miniatura e de salto para busca e salvamento. The Journal of Engineering, 2019(13), 219-224. https://doi.org/10.1049/joe.2018.8952

99. Tanaka, M., Nakajima, M., Suzuki, Y., & Tanaka, K. (2018). Desenvolvimento e controle de robô móvel articulado para subir escadas íngremes. IEEE/ASME Transactions on Mechatronics, 23(2), 531-541. https://doi.org/10.1109/TMECH.2018.2792013

100. Kiyani, M. N., & Khan, M. U. M. (2016). Um protótipo de robô de busca e salvamento. 2016 2nd International Conference on Robotics and Artificial Intelligence, ICRAI 2016, 208-213. https://doi.org/10.1109/ICRAI.2016.7791255

101. Chedjou J.C., Nosirov Kh., Begmatov Sh., Arabboev M. Desenvolvimento de um sistema robótico de busca e salvamento com capacidades médicas. // Conferência científica internacional em linha "Problemas actuais e perspectivas de desenvolvimento de sistemas inteligentes de informação e comunicação - IICS-2020". Tashkent-2020. -P. 163-166

102. Jung, T., Lim, J., Bae, H., Lee, K. K., Joe, H. M., & Oh, J. H. (2018). Desenvolvimento da Plataforma Humanoid de Resposta a

Desastres DRC-HUBO +. IEEE Transactions on Robotics, 34(1), 1-17. https://doi.org/10.1109/TRO.2017.2776287

103. Bai, L., Guan, J., Chen, X., Hou, J., & Duan, W. (2018). Um conceito opcional de mobilidade de pernas de rodas transformáveis passivas / ativas para robôs de busca e salvamento. Robótica e Sistemas Autónomos, 107, 145-155. https://doi.org/10.1016/j.robot.2018.06.005

104. Azeta, J., Bolu, C. A., Hinvi, D., Abioye, A. A., Boyo, H., Anakhu, P., & Onwordi, P. (2019). Um robô móvel baseado em android para monitoramento e vigilância. Procedia Manufacturing, 35, 1129-1134. https://doi.org/10.1016/j.promfg.2019.06.066

105. Mohamed, I. I., & Mohamed, N. E. (2020). Um sistema robótico móvel autônomo incorporado de busca e resgate para deteção de humanos vivos. (May). https://doi.org/10.21884/IJMTER.2020.7022.0CLWX

106. Annuar, K. A. M., Zin, M. H. M., Harun, M. H., Halim, M. F. M. A., & Azahar, A. H. (2016). Projeto e desenvolvimento de robô de busca e salvamento. Revista Internacional de Engenharia Mecânica e Mecatrónica, 16(2), 36-41.

107. Nosirov Kh.Kh., Arabboev M.M., Begmatov Sh.A. Robôs modernos de busca e salvamento. // Материалы XXV Международной научно-технической конференции "Современные средства связи". 22-23 октябрь 2020. Минск, Беларусь. -р. 125-126

108. Nosirov Kh.Kh., Arabboyev M.M., Begmatov Sh.A. Sensores modernos para aplicações militares. // "Профессионал армиянинг ривожланишида рақамли иқтисодиёт ва интеллектуал тизимларнинг ўрни" республика илмий конференцияси мақолалар тўплами. Тошкент - 2020. -Р. 62-63

109. Yadav, R. R., Gupta, P. V., Gupta, D. A., & Mohite, U. (2020). Robô de deteção de humanos vivos para operação de resgate. Revista Internacional sobre Tendências Recentes e Inovadoras em Computação e Comunicação, 8(6), 03-07. https://doi.org/10.17762/ijritcc.v8i6.5398

110. Nosirov Kh.Kh., Arabboev M.M., Begmatov Sh.A., Khudayberganov J.D. Desenvolvimento de um algoritmo de deteção humana utilizado em operações de busca e salvamento. // Revista científico-prática e de informação-analítica dos descendentes de Muhammad al-Khwarizmi. 1(15). Tashkent, -2021. -p. 114-118

111. Miyano, K., Shinkuma, R., Mandayam, N. B., Sato, T., & Oki, E. (2019). Programação baseada em utilidade para sistemas de busca multi-UAV em áreas atingidas por desastres. IEEE Access, 7, 26810-26820. https://doi.org/10.1109/ACCESS.2019.2900865

112. Lygouras, E., Gasteratos, A., Tarchanidis, K., & Mitropoulos, A. (2018). ROLFER: Um sistema de suporte de resgate aéreo totalmente autónomo. Microprocessadores e Microsistemas, 61, 32 42. https://doi.org/10.1016/j.micpro.2018.05.014

113. Geraldes, R., Goncalves, A., Lai, T., Villerabel, M., Deng, W., Salta, A., ... Prendinger, H. (2019). Sistema de consciência situacional baseado em UAV usando aprendizado profundo. IEEE Access, 7, 122583-122594. https://doi.org/10.1109/ACCESS.2019.2938249

114. Alotaibi, E. T., Alqefari, S. S., & Koubaa, A. (2019). LSAR: Colaboração Multi-UAV para missões de busca e salvamento. IEEE Access, 7, 55817-55832. https://doi.org/10.1109/ACCESS.2019.2912306

115. Aljehani, M., & Inoue, M. (2019). Avaliação do desempenho do sistema multi-UAV na aplicação pós-desastre: Validado pelo

simulador HITL. IEEE Access, 7, 64386-64400. https://doi.org/10.1109/ACCESS.2019.2917070

116. Zereik, E., Bibuli, M., Mišković, N., Ridao, P., & Pascoal, A. (2018). Desafios e tendências futuras na robótica marinha. Revisões anuais em controlo, 46, 350-368. https://doi.org/10.1016/j.arcontrol.2018.10.002

117. Ji, X., Zhuang, J. Y., & Su, Y. M. (2014). Deteção de alvos de radar marinho para USV. Advanced Materials Research, 1006-1007, 863-869. https://doi.org/10.4028/www.scientific.net/AMR.1006-1007.863

118. Shakhobiddinov A.Sh., Nosirov Kh.Kh., Begmatov Sh.A., Arabboyev M.M. Sistemas inteligentes na robótica de desastres. // Resumos da Conferência Internacional Científica e Prática "Problemas Modernos de Matemática Aplicada e Tecnologias da Informação". Bukhara - 2021. -P. 315-317

119. Lopes, P., Silva Da Pires, P., & Moreira, M. (2018). Desafios de conceção de um veículo não tripulado multiusos marítimo. IOP Conference Series: Earth and Environmental Science, 172(1). https://doi.org/10.1088/1755-1315/172/1/012024

120. Matos, A., Silva, E., Almeida, J., Martins, A., Ferreira, H., Ferreira, B., ... Lobo, V. (2017). Sistemas marítimos não tripulados para busca e salvamento. Search and Rescue Robotics - From Theory to Practice. https://doi.org/10.5772/intechopen.69492

121. Ferreira, F., & Ferri, G. (2020). Competições de robótica marinha: uma pesquisa. Current Robotics Reports, 1(4), 169-178. https://doi.org/10.1007/s43154-020-00022-5

122. Xiao, X., Dufek, J., Woodbury, T., & Murphy, R. (2017).

Navegação visual USV assistida por UAV para resposta a incidentes de acidentes marítimos em massa. Conferência Internacional do IEEE sobre Robôs e Sistemas Inteligentes, 2017-setembro, 6105-6110. https://doi.org/10.1109/IROS.2017.8206510

123. Pu, H., Liu, Y., Luo, J., Xie, S., Peng, Y., Yang, Y., ... Qu, D. (2020). Desenvolvimento de um veículo de superfície não tripulado para a missão de resposta a emergências do acidente de colisão e explosão do petroleiro "Sanchi". Ciências Aplicadas (Suíça), 10(8). https://doi.org/10.3390/APP10082704

124. Young, L. a. (2005). Small Autonomous Air/Sea System Concepts for Coast Guard Missions, And Technology (MDA RCT) Forum, Santa, 1-8. http://halfdome.arc.nasa.gov/publications/files/Young%7B_%7D2005%7B_%7DUSCG.pdf

125. Zhu, M., & Wen, Y. Q. (2019). Projeto e análise de sistemas colaborativos de cruzeiro de veículos aéreos de superfície não tripulados. Journal of Advanced Transportation, 2019. https://doi.org/10.1155/2019/1323105

126. Surasak, T., Takahiro, I., Cheng, C. H., Wang, C. E., & Sheng, P. Y. (2018). Histograma de gradientes orientados para deteção humana em vídeo. Anais da 5ª Conferência Internacional de Pesquisa Empresarial e Industrial de 2018: Tecnologia inteligente para a próxima geração de informações, engenharia, negócios e ciências sociais, ICBIR 2018, 172-176. https://doi.org/10.1109/ICBIR.2018.8391187

127. David G. Lowe, "Distinctive image features from scale-invariant keypoints", International Journal of Computer Vision, 60, 2 (2004), pp. 91-110.
]

128. Nosirov X.X., Arabboev M.M., Begmatov Sh.A., Gaziev H.G. Convolutional neural network and its applications. // Иқтисодиётнинг тармоқларини инновацион ривожланишида ахборот-коммуникация технологияларининг аҳамияти республика илмий-техник анжуманининг маърузалар тўплами. Тошкент - 2020. - P. 125-128

129. Dupond, Samuel (2019). "Uma revisão completa sobre o avanço atual das estruturas de redes neurais". Revisões anuais em controlo. 14: 200-230.

130. Lee, D., Lim, M., Park, H., Kang, Y., Park, J. S., Jang, G. J., & Kim, J. H. (2017). Modelo acústico baseado em rede neural recorrente de memória de longo prazo usando classificação temporal conexionista em um corpus de treinamento em grande escala. China Communications, 14(9), 23-31. https://doi.org/10.1109/CC.2017.8068761

131. Goodfellow, Ian; Bengio, Yoshua; Courville, Aaron (2016). "6.5 Retropropagação e outros algoritmos de diferenciação". Aprendizagem profunda. MIT Press. pp. 200-220. ISBN 9780262035613.

132. Nosirov X.X., Begmatov Sh.A., Arabboyev M.M., Berdiyev A.A. Masofadan boshqariluvchi metal qidiruvchi va mobil robot-manipulyator dasturiy ta'minoti. // Ўзбекистон Республикаси Интеллектуал мулк агентлиги. Гувоҳнома № DGU 09299, 03.11.2020.

133. Nosirov X.X., Begmatov Sh.A., Arabboyev M.M., Berdiyev A.A. Masofadan real vaqt rejimida tasvir va tasvirdagi eng yaqin obyektgacha bo'lgan masofani uzatuvchi robot dasturiy ta'minoti. // Ўзбекистон Республикаси Интеллектуал мулк агентлиги. Гувоҳнома № DGU 09300, 03.11.2020.

134. Nosirov X.X., Begmatov Sh.A., Arabboyev M.M. Infraqizil

nurlari va kamera yordamida buyruqlarni qabul qiluvchi robot dasturiy ta'minoti. // Ўзбекистон Республикаси Интеллектуал мулк агентлиги. Гувоҳнома № DGU 09309, 03.11.2020.

135. M.M.Arabboyev, Sh.A.Begmatov, X.X.Nosirov, O.M.Muxtorxo'jayev, A.M.Qayumova. Sun'iy intellekt yordamida tasvirlar o'lchamlarini kattalashtirish dasturiy ta'minoti // O'zbekiston Respublikasi Adliya vazirligi huzuridagi Intellektual mulk agentligining Elektron hisoblash mashinalari uchun yaratilgan dasturning rasmiy ro'yxatdan o'tkazilganligi to'g'risidagi guvohnomasi № DGU 11306. Toshkent. 07.06.2021

136. M.M.Arabboyev, Sh.A.Begmatov, X.X.Nosirov, O.M.Muxtorxo'jayev, A.M.Qayumova. Sun'iy intellekt yordamida tasvirdagi insonlarni aniqlash dasturiy ta'minoti. // O'zbekiston Respublikasi Adliya vazirligi huzuridagi Intellektual mulk agentligining Elektron hisoblash mashinalari uchun yaratilgan dasturning rasmiy ro'yxatdan o'tkazilganligi to'g'risidagi guvohnomasi № DGU 11307. Toshkent. 07.06.2021

137. Garg B, Chaitanya GVNSK, Sharma GK. "A low-cost energy efficient image scaling processor for multimedia applications", 20th Int. Symp. VLSI Design and Test (VDAT), pp. 1-6, 2016

138. Siva, M. V., & Jayakumar, E. P. (2020). Uma arquitetura VLSI de baixo custo e alto desempenho para escalonamento de imagens em aplicações multimédia. 2020 7th International Conference on Signal Processing and Integrated Networks, SPIN 2020, 278-283. https://doi.org/10.1109/SPIN48934.2020.9070910

139. Jaiswal SP, Au OC, Jakhetiya V, Guo Y, Tiwari AK, Yue K (2013) Marca d'água de imagem reversível baseada em previsão

adaptativa eficiente. Em: 2013 20th Conferência Internacional do IEEE sobre Processamento de Imagem (ICIP). IEEE, pp 4540-4544

140. Jaiswal SP, Au O, Jakhetiya V, Guo AY, Tiwari AK (2014) Adaptive predictor structure based interpolation for reversible data hiding. In: Workshop internacional sobre marca d'água digital. Springer, Cham, pp 276-288

141. D. Sun e W.-K. Cham, "Post processing of low bit-rate block DCT coded images based on a fields of experts prior," IEEE Transactions on Image Processing, vol. 16, no. 11, pp. 2743-2751, 2007.

142. X. Zhang, R. Xiong, X. Fan, S. Ma e W. Gao, "Compression artifact reduction by overlapped-block transform coefficient estimation with block similarity," IEEE transactions on image processing, vol. 22, no. 12, pp. 4613-4626, 2013.

143. J. Ren, J. Liu, M. Li, W. Bai, e Z. Guo, "Redução de artefactos de bloqueio de imagem através de agrupamento de patches e minimização de baixa classificação," na Conferência de Compressão de Dados (DCC), 2013. IEEE, 2013, pp. 516-516.

144. K. Dabov, A. Foi, V. Katkovnik, e K. Egiazarian, "Image denoising by sparse 3-D transform-domain collaborative filtering," IEEE Transactions on image processing, vol. 16, no. 8, pp. 2080-2095, 2007.

145. H. Chang, M. K. Ng e T. Zeng, "Reduzir artefactos na descompressão de jpeg através de um dicionário aprendido", IEEE transactions on signal processing, vol. 62, no. 3, pp. 718-728, 2014.

146. S. Gu, L. Zhang, W. Zuo e X. Feng, "Weighted nuclear norm minimization with application to image denoising", em Proceedings of the IEEE Conference on Computer Vision and Pattern Recognition, 2014, pp. 2862-2869.

]

147. J. Zhang, R. Xiong, C. Zhao, Y. Zhang, S. Ma e W. Gao, "Concolor: modelo restrito não convexo de baixa classificação para desbloqueio de imagens", IEEE Transactions on Image Processing, vol. 25, no. 3, pp. 1246-1259, 2016.

148. C. Dong, Y. Deng, C. Change Loy e X. Tang, "Redução de artefactos de compressão por uma rede convolucional profunda", em Proceedings of the IEEE International Conference on Computer Vision, 2015, pp. 576-584.

149. F. Jiang, W. Tao, S. Liu, J. Ren, X. Guo e D. Zhao, "Uma estrutura de compressão de ponta a ponta baseada em redes neurais convolucionais", em IEEE Transactions on Circuits and Systems for Video Technology, vol. 28, n.º 10, pp. 3007-3018, outubro de 2018, doi: 10.1109/TCSVT.2017.2734838.

150. Søgaard, Jacob et al. "Applicability of Existing Objective Metrics of Percetual Quality for Adaptive Video Streaming." electronic imaging 2016 (2016): 1-7.

151. Sara, U., Akter, M., & Uddin, M. S. (2019). Avaliação da qualidade da imagem através de FSIM, SSIM, MSE e PSNR-um estudo comparativo. Journal of Computer and Communications, 07(03), 8-18. https://doi.org/10.4236/jcc.2019.73002

152. Deshpande, R.G., Ragha, L.L. e Sharma, S.K. (2018) Avaliação da qualidade de vídeo através da estimativa de PSNR para diferentes padrões de compressão. Jornal Indonésio de Engenharia Elétrica e Ciência da Computação, 11, 918-924.

153. Arabboev M.M., Abdulxayev N.M., Begmatov SH.A., Nuraddinov U.B. Braço robótico servo-acionado baseado na plataforma Arduino. // Ахборот-коммммуникация технологиялари ва

]

телекоммуникацияларнинг замонавий муаммолари ва ечимлари республика илмий-техник анжуманининг маърузалар тўплами. III қисм. Фарғона -2019. -P. 481-483

154. Nosirov X.X., Arabboev M.M., Begmatov SH.A. Braço robótico de triagem automatizada de baixo custo baseado na plataforma Arduino. // Revista científico-prática e de informação-analítica dos descendentes de Muhammad al-Khwarizmi. 3(9). Tashkent, -2019. -p. 121-124

155. Nosirov Kh., Begmatov Sh., Arabboev M., Medetova K. Conceção de um modelo para um sistema de robô de desinfeção. // Conferência Internacional de aplicações, tendências e oportunidades de ciência da informação e tecnologias de comunicação ICISCT 2020. 4-6 de novembro de 2020. Tashkent, Uzbequistão. -p. 1-4

156. Nosirov Kh., Begmatov Sh., Arabboev M., Kuchkorov T., Chedjou J. C., Kyamakya K., Abhiram K., De Silva P. "The greenhouse control based-vision and sensors", World Scientific Proceedings Series on Computer Engineering and Information Science, Developments of Artificial Intelligence Technologies in Computation and Robotics, Colónia-2020. -P. 1514-1523

157. Arabboev M.M., Begmatov Sh.A., Bobojanov S.G. Vantagens específicas da utilização de sistemas de robôs construtores no sistema de ensino. // Олий таълим ислоҳотлари: ютуқлар, муаммолар, ечимлар республика илмий-амалий анжумани материалллари тўплами. Тошкент - 2019. -P. 214-216

158. P. Viola and M. Jones, "Rapid object detection using a boosted cascade of simple features," Proceedings of the 2001 IEEE Computer Society Conference on Computer Vision and Pattern

Recognition. CVPR 2001, 2001, pp. -p. 1-8.

ABREVIATURAS

BCH - Bose–Chaudhuri–Hocquenghem

LZW - Lempel–Ziv–Welch

RLE - Run-length encoding

GA - Genetic algorithm

JPEG - Joint Photographic Experts Group

TIFF - Tagged Image File Format

PNG - portable network graphics

AR - Autoregressive

LFI - Light Field Image

CNN - Convolutional Neural Network

EPI - Epipolar Plane Image

SAI - Sub-Aperture Image

VRCNN-BN - Variable-Filter-Size Residue-Learning Convolutional Neural Network With Batch Normalization

CS-PSNR - Color-Sensitivity-based combined PSNR

MRF - Markov Random Field

LDPC - Low-Density Parity-Check

JFG-LR - Joint Factor Graph For Lossy Reconstruction

SPA - Sum-Product Algorithm

DWT - Discrete Wavelet Transform

RSA - Rivest–Shamir–Adleman

CS - Cuckoo Search

RCT - Reversible Color Transform

BBWCA - Bi-level Burrows Wheeler Compression Algorithm

ANN – Artificial Neural Network

RGB - Red-Green-Blue

HSV – Hue/Saturation/Value

DC - Direct Current

BWT - Burrows Wheeler Transform

MTF - move-to-front

DFT - Discrete Fourier Transform

MM - Matrix Minimization

LFC - Low Frequency Coefficients

HFC - High-Frequency Coefficients

DNN - Deep Neural Network

SPIHT - Set Partitioning In Hierarchical Trees

FAST - Function Analysis System Technique

PSNR – Peak Signal-To-Noise Ratio

SSIM - Structural Similarity

LVR-CNN - Low-Dimensional Visual Representation Convolution Neural Network

WMSN - wireless multimedia sensor network

FMM - Five Modulus Method

DCT - Discrete Cosine Transform

FPGA – Field Programmable Gate Array

IWT - Integer Wavelet Transform

CR - compression ratios

TDL - tucker decomposition layer

TDNet - Tucker Decomposition Network

LIC - lossy image compression

BPP - bits-per-pixel

DNN - Deep Neural Network

PC – Personal Computer

SIFT - scale-invariant transformation

IR – Infrared

PIR - Passive Infrared

LED - light emitting diode

RSS - received signal strength

SVM - support vector machine

ROS - Robot Operating System

PMD - photonic mixer device

AGV –Autonomous Ground Vehicle

ToF - Time-of-Flight

LIDAR - Light Detection and Ranging

HRI - human-robot interaction

HAR - Human activity recognition

RBF - Radial basis function

HOG - Histograms of Oriented Gradients

SAR – search and rescue

ROI - Region of Interest

AGCWN - air-ground collaborative wireless network

APDF - activity probability density function

PSOP - person search orienteering problem

VL - virtual leader

UGV - Unmanned Ground Vehicle

]

APÊNDICE

Especificações técnicas

Nome do parâmetro	Valor
Tensão da bateria	12v
Capacidade da bateria	4600 mah
Velocidade	5 kmph
Grau máximo	60
Altura máxima da barreira	450 mm
Altura da queda	700 mm
Distância máxima de controlo	3 km
Distância máxima de transmissão de vídeo	250 m
Frequência de controlo	433 kHz
Potência da antena	500mW
Frequência de vídeo	2,4 gHz
Carga útil máxima	30 kg
Peso	10 kg
Tamanho	500x600x150 mm

Comparação CNN&ANN

Nome da caraterística	CNN	ANN
Tempo de previsão	3 107,3 ms	44,6 ms
Tamanho do modelo	23 MB	5 kB
Enquadramento	Tensorflow	Proposta
Língua	Python	C++
Biblioteca de imagens	OpenCV	OpenCV
Hora do comboio	5 horas	286 ms
Necessidade de GPU	+	-

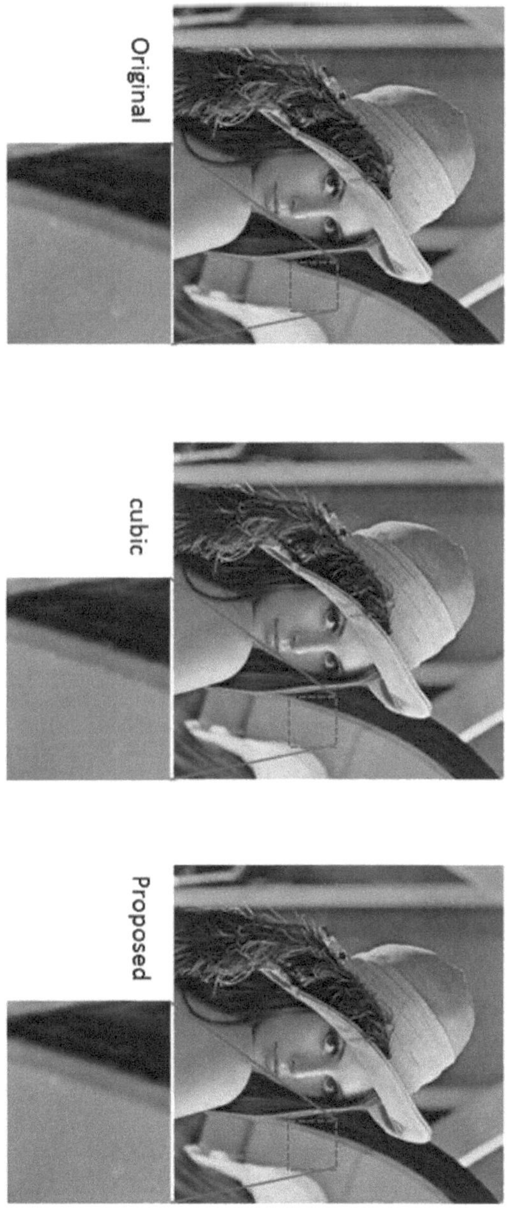
Original
cubic
Proposed

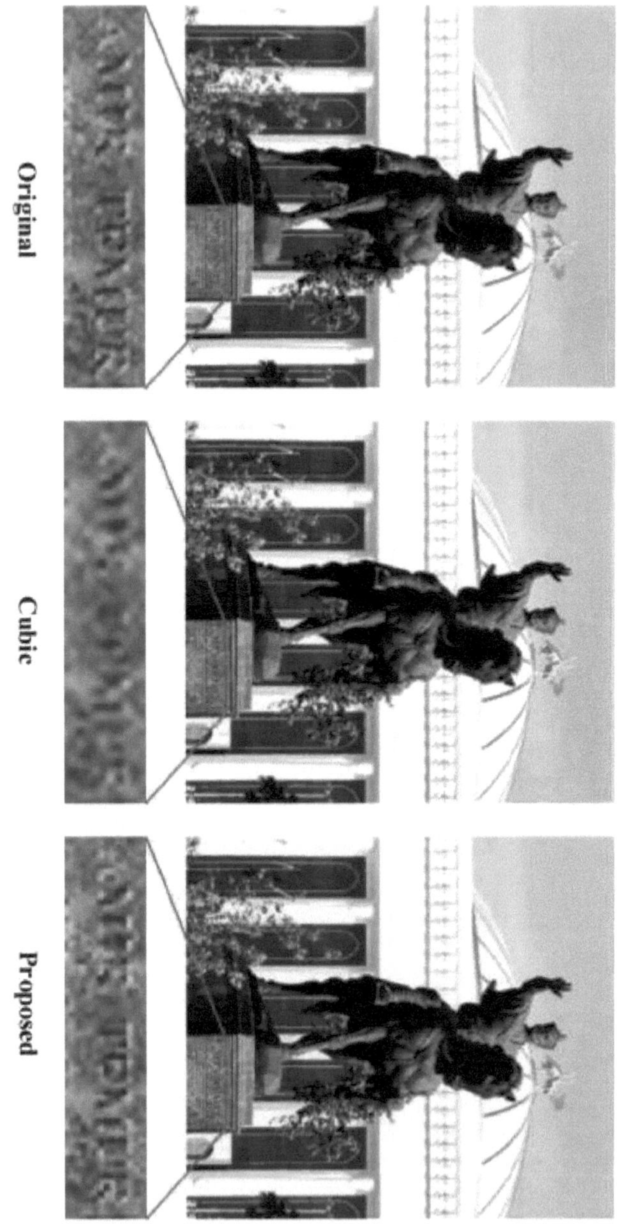
Original
Cubic
Proposed

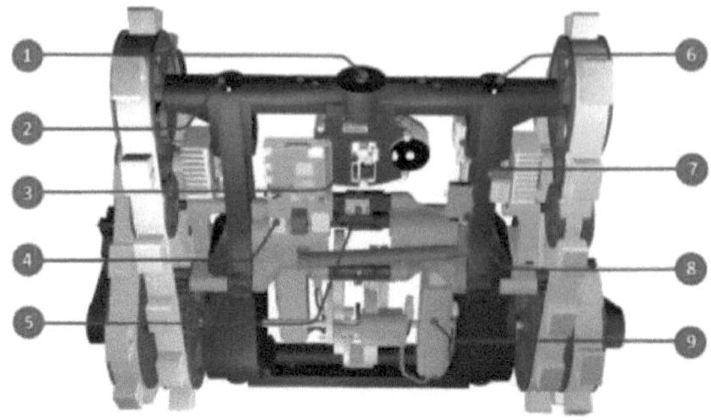

Specifications
CPU BCM2835, 64bit, quad core, 1 GHz
Wi-Fi 802.11 b/g/n
RF 930 MHz
Video stream 5MP, 640x480
2x Battery Li-pol 12V / 10 000mAh
6x DC motors 20kg/cm, 5km/h
4x Ultrasonic 2cm-6m, 40Hz, 15°
LIDAR sensor 8Hz, 12/8 m (white/dark)

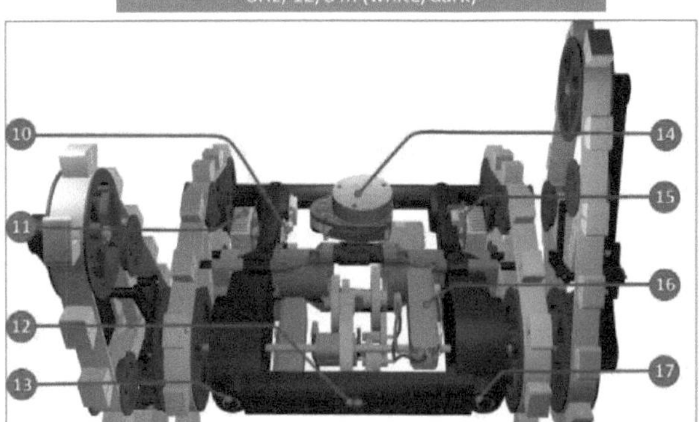

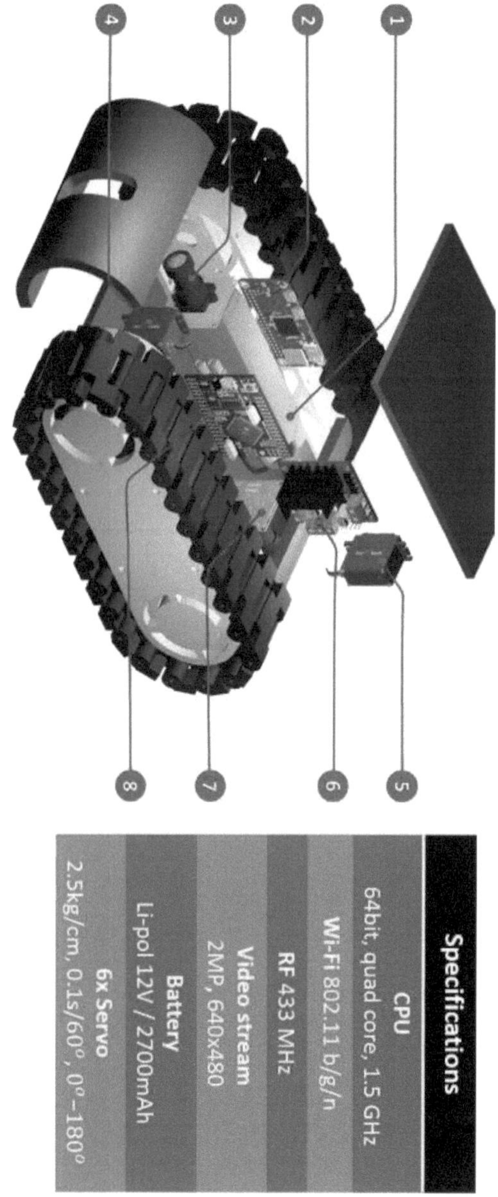
1
2
3
4
5
6
7
8
Specifications
CPU
64bit, quad core, 1.5 GHz
Wi-Fi 802.11 b/g/n
RF 433 MHz
Video stream
2MP, 640x480
Battery
Li-pol 12V / 2700mAh
6x Servo
2.5kg/cm, 0.1s/60°, 0°–180°

ÍNDICE

MIX
Papier aus verantwortungsvollen Quellen
Paper from responsible sources
FSC® C105338

Printed by Books on Demand GmbH, Norderstedt / Germany